Perícia Contábil

Paulo Cordeiro de Mello

Dados Internacionais de Catalogação na Publicação (CIP)
(Jeane Passos de Souza CRB 8ª/6189)

Mello, Paulo Cordeiro de
Perícia Contábil / Paulo Cordeiro de Mello. – 2.ed.atual. – São Paulo: Editora Senac São Paulo, 2016.

Bibliografia
ISBN 978-65-5536-293-0 [Venda internacional]

1. Contabilidade : Perícia Contábil 2. Laudo pericial (Contabilidade) : Processo judicial 3. Parecer técnico contábil I. Título.

16-390s CDD-657.45
BISAC BUS001000

Índice para catálogo sistemático:

1. Contabilidade : Perícia Contábil 657.45

Perícia Contábil

Paulo Cordeiro de Mello

2ª edição atualizada

Editora Senac São Paulo – São Paulo – 2016

Editora Senac São Paulo

Conselho Editorial: Luiz Francisco de A. Salgado
Luiz Carlos Dourado
Darcio Sayad Maia
Lucila Mara Sbrana Sciotti
Jeane Passos de Souza

Gerente/Publisher: Jeane Passos de Souza (jpassos@sp.senac.br)

Coordenação Editorial/Prospecção: Luís Américo Tousi Botelho (luis.tbotelho@sp.senac.br)
Dolores Crisci Manzano (dolores.cmanzano@sp.senac.br)
Administrativo: grupoedsadministrativo@sp.senac.br
Comercial: comercial@editorasenacsp.com.br

Edição de Texto: Juliana Muscovick
Preparação de Texto: Fernanda Andrade, Karinna A.C. Taddeo
Revisão de Texto: Gabriela L. Adami (coord.), Carolina Hidalgo Castelani
Projeto Gráfico e Capa: Fabiana Fernandes
Editoração Eletrônica: Thiago Planchart
Foto da Capa: Studio Cl Art

Editora Senac São Paulo
Rua 24 de maio, 208 – 3º andar – Centro – CEP 01041-000
Caixa Postal 1120 – CEP 01032-970 – São Paulo – SP
Tel. (11) 2187-4450 – Fax (11) 2187-4486
E-mail: editora@sp.senac.br
Home page: http://www.livrariasenac.com.br

Sumário

Nota do editor 7

Agradecimentos 11

Apresentação 13

1. Meios de prova e prova pericial 17

2. Perícia na área contábil 25

3. Perito e assistente técnico em perícia contábil 31

4. Parecer técnico-contábil na inicial e na contestação de processo judicial 47

5. Quesitos em perícia judicial contábil 53

6. Remuneração do perito judicial e do assistente técnico em perícia contábil 61

7. Termo de diligência em perícia judicial contábil 69

8. Laudo pericial contábil 75

9. Parecer técnico-contábil após o laudo 83

10. Esclarecimentos periciais 89

Apêndices 95

- 1. Modelo de pedido de habilitação para a função de perito judicial contábil 96
- 2. Modelo de parecer técnico-contábil (acompanha inicial ou contestação) 97
- 3. Modelo de laudo pericial contábil 99
- 4. Modelo de parecer técnico-contábil após o laudo 101

Anexos 103

- 1. NBC TP 01 – Perícia contábil 104
- 2. NBC PP 01 – Perito contábil 124
- 3. Resolução CFC nº 1502 de 19 de fevereiro de 2016 146

Atividades práticas propostas 151

Bibliografia 157

Nota do editor

Do latim *peritia*, a palavra "perícia" designa talento ou habilidade que advém da experiência em alguma área do conhecimento. A perícia contábil, portanto, tem sua amplitude relacionada à causa que a deu origem, envolve questões tributárias e baseia-se não somente na contabilidade, mas também na legislação fiscal relacionada aos requerimentos judiciais.

Ações de alimentos, apuração de haveres, busca e apreensão, revisão de encargos financeiros são algumas das aplicações da área no contexto social. Em *Perícia contábil*, Paulo Cordeiro de Mello enriquece a bibliografia da área publicada pelo Senac São Paulo, apresentando o conjunto de procedimentos técnicos e científicos que são normalmente apresentados à instância decisória judiciária, elementos de prova necessários que subsidiam a solução do litígio, mediante o laudo pericial ou o parecer pericial contábil.

Sempre em conformidade com as normas jurídicas e profissionais e a legislação específica, o perito contábil deve estar atualizado sobre as Normas Brasileiras de Contabilidade (NBC) e ter como metodologia de trabalho a análise de livros, registros de documentos que envolvem os fatos a serem investigados.

Essa abordagem teórica, necessária para o estudo completo da função do perito, vem nesta obra complementada com exemplos e modelos de trabalho, fator que de forma prática e didática auxilia o leitor no entendimento de cada um dos temas ao longo dos capítulos.

Aos meus pais

Agradecimentos

Muitas pessoas contribuíram direta ou indiretamente para a elaboração deste livro.

Inicialmente, cumpre-me lembrar de Priscila dos Santos e de Patrícia Vivaldo dos Santos, do Senac São Paulo, que acreditaram no projeto do curso de extensão em perícia contábil desenvolvido pela mesma instituição e que incentivaram a criação dessa publicação.

Agradeço a todos os profissionais da Editora Senac São Paulo que me auxiliaram metodologicamente na preparação do livro, lembrando especialmente de Amanda Lenharo di Santis, na proposta inicial de elaboração deste trabalho, e de Juliana Crochiquia Muscovick, nas últimas e decisivas etapas da confecção do livro.

Também merece destaque mais do que especial o Dr. Nemer Jorge Júnior (*in memoriam*) que, no ano de 2001, como Juiz Titular da 1ª Vara Cível do Foro Regional da Lapa da Comarca de São Paulo, foi responsável pela minha primeira nomeação para o desempenho da função de perito em um processo judicial. Ainda, aos magistrados estaduais Dr. Luís Fernando Balieiro Lodi, Dr. Iberê de Castro Dias, Dr. Antônio Marcelo Cunzolo Rimola, Dr. Carlos Aleksander Romano Batistic Goldman, Dr. Marcelo da Cunha Bergo, Dr. Márcio Roberto Alexandre, Dr. Célio de Almeida Mello, Dr. Miguel Ferrari Junior, Dra. Carla de Oliveira Pinto Ferrari, Dr. Fábio Varlese Hillal, Dr. José Walter Chacon Cardoso, Dr. Rodrigo de Castro Carvalho, Dra. Lissandra Reis Ceccon, Dr. Fernando Antônio Tasso, entre muitos outros, com os quais tive diversas oportunidades para desenvolver meu ofício em perícia. Somente com o apoio e a confiança de todos os juízes de quem já fui honrosamente nomeado foi possível a construção de meu caminho profissional até aqui.

Mas, na escolha da perícia como profissão, não posso esquecer da participação do perito e professor Luiz Gonzaga Junqueira de Aquino Filho, que, além de tantos outros companheiros de função pericial, muito contribuiu na construção de minha carreira.

Aos amigos Eduardo João Assef Junior, Tatiana Moschetta Assef, André Eduardo Marcelli, Márcia Cristina Ribeiro e Márcia de Souza Montanholi, por todo apoio sempre recebido. Aos professores, coordenadores de cursos e diretores de instituições de ensino, destacando Sérgio Alexandre de Souza, Adriana Marques Dias, Luciana Onusic, Armando de Santi Filho, Fernando Trevisan e Francisco Starke, que abriram caminhos para o desenvolvimento das disciplinas de perícia contábil em cursos de graduação, pós-graduação e extensão.

No estímulo ao estudo e constante aprimoramento da disciplina perícia contábil, destaco o agradecimento aos alunos dos cursos de graduação e pós-graduação da Trevisan Escola de Negócios, e ainda de extensão do Senac São Paulo, da Unisescon-SP, do Sescon Grande Florianópolis e Sescon Santa Catarina.

Após o lançamento da 1ª edição desta obra, apresentei muitas palestras sobre o tema nas unidades do Senac de Osasco, São José do Rio Preto, Presidente Prudente, Bauru e Campinas, e no Centro Universitário em São Paulo, locais onde o curso de extensão em perícia contábil é normalmente oferecido. Dessa forma, fica aqui o agradecimento especial a todos os funcionários das unidades do Senac São Paulo que contribuíram para a divulgação e adoção da obra, bem como aos professores e alunos que prestigiam o tema em seus cursos.

Situação semelhante ocorreu com a apresentação de cursos e palestras em diversas instituições de ensino superior por todo o país, bem como em eventos promovidos por órgãos representativos da classe contábil de diversos estados brasileiros. Portanto, agradeço também todos aqueles profissionais, gestores, professores e alunos preocupados com a qualidade da informação utilizada para o desenvolvimento do tema perícia contábil.

Apresentação

Apresentamos a 2ª edição do livro *Perícia contábil*, com a atualização dos aspectos trazidos pelo Novo Código de Processo Civil, que tem impacto direto na atividade pericial de diversas formas.

O antigo dispositivo legal, tratado na 1ª edição deste livro, era o Código de Processo Civil (Lei 5.869, de 11 de janeiro de 1973, com alterações posteriores), e agora trabalhamos os elementos constantes do Novo Código de Processo Civil (Lei 13.105, de 16 de março de 2015). Foi também adotada a nova redação das normas brasileiras de contabilidade, editadas pelo Conselho Federal de Contabilidade (CFC) e aplicáveis aos trabalhos periciais contábeis (NBC TP 01 e NBC PP 01), identificados em seu inteiro teor pelos Anexos 1 e 2 deste livro. Destacamos ainda a introdução do Cadastro Nacional de Peritos Contábeis (CNPC), por meio da edição da Resolução 1502/2016 do CFC, apresentada no Anexo 3. O livro considera também diversas situações práticas que devem ser observadas pelos profissionais para a atuação em perícia contábil judicial.

Aproveitando a oportunidade da revisão completa do texto, foram complementadas informações técnicas úteis para o desenvolvimento de trabalhos periciais, sendo reformulados aspectos interessantes para a efetiva aplicação do conteúdo apresentado.

O livro aborda de forma organizada os procedimentos técnicos normalmente enfrentados em trabalhos periciais contábeis, apresentados de forma didática, possibilitando ao leitor entender de forma prática o funcionamento dessa atividade dentro da área profissional contábil. Estão contemplados aqui os procedimentos de habilitação do perito judicial e a contratação de assistente técnico em processos judiciais.

Além disso, outros temas práticos estão detalhados no texto, como o parecer técnico apresentado junto à inicial e/ou à contestação de processos judiciais, o auxílio técnico na formulação de quesitos, etc.

Divisão dos capítulos

No capítulo 1, são apresentados os conceitos básicos de prova pericial e seus meios, bem como as situações em que tal prova poderá ser realizada, indeferida e dispensada, além das condições para o desenvolvimento de prova técnica simplificada.

O capítulo 2 detalha mais especificamente o que é perícia contábil, quais são seus procedimentos de trabalho e seu campo de atuação profissional, com destaque para perícia contábil judicial, e ainda apresenta a Norma Brasileira de Contabilidade de Perícia Contábil (NBC TP 01), com suas condições atuais consolidadas.

Já no capítulo 3, estão descritos os procedimentos de habilitação/nomeação de perito judicial e de indicação/contratação de assistente técnico. São também relacionados os direitos, os deveres e as penalidades do perito e do assistente. Além disso, o capítulo contempla a Norma Brasileira de Contabilidade de Perito Contábil (NBC PP 01) em sua forma atualizada, indicando ainda as condições para a inscrição no CNPC do CFC.

O capítulo 4 destaca a importância do parecer técnico apresentado com a inicial e/ou a contestação de um processo judicial, bem como suas características e formas de apresentação.

As principais características dos questionamentos em perícia judicial são abordadas no capítulo 5, assim como as diferenças entre quesitos, os quesitos suplementares e os quesitos para esclarecimento, indicando as condições técnicas para a formulação e a resposta de quesitos em uma perícia.

A remuneração do perito judicial e do assistente técnico é encontrada no capítulo 6, com o estudo das formas de estimativa de honorários do perito por meio de petição, e do assistente, com a formalização de contrato de prestação de serviços profissionais.

No capítulo 7 estão descritas as principais características e condições para a elaboração do termo de diligência, que representa o momento em que o perito identifica quais são os dados e os documentos necessários à realização da perícia para depois formalizá-los em pedidos.

O capítulo 8 indica o conteúdo e a forma de apresentação do laudo pericial contábil, contemplando inclusive aspectos objetivamente exigidos pelo Novo CPC.

Na sequência, o capítulo 9 trata do parecer técnico-contábil, com destaque para as suas características e condições para a crítica ao trabalho do perito.

Por fim, o capítulo 10 aborda as situações em que pode ocorrer o pedido de esclarecimentos em perícia judicial, indicando ainda as formas de apresentação desses esclarecimentos.

O livro conta ainda com apêndices e anexos que complementam o conteúdo desenvolvido nos capítulos, como as NBC TP 01 e NBC PP 01, a Resolução nº 1502/2016 do CFC, e ainda modelos de petições e papéis de trabalho.

1
Meios de prova e prova pericial

Após a leitura deste capítulo, você poderá:

- entender o que é prova pericial e quais são seus meios;
- identificar as situações em que a prova pericial pode ser deferida, indeferida e dispensada, além das condições para a realização da prova técnica simplificada.

Prova

Para o melhor entendimento do que é *perícia*, devemos inicialmente observar algumas referências e conceitos básicos sobre *meios de prova*, dentre os quais está a própria *prova pericial* (ou perícia).

Não é objetivo desta publicação a análise completa e profunda de cada um dos meios de prova existentes ou ainda a ampliação de estudos, por exemplo, sobre o ônus da prova, por envolverem aspectos essencialmente jurídicos e não apenas técnicos. Portanto, não serão abordados temas específicos relativos aos meios de prova. Será explorada durante o livro somente a prova pericial, em especial a prova pericial contábil.

Assim, para conhecimento geral do que são os meios de prova e para uma melhor compreensão do que é a perícia e do contexto em que está inserida, apresentamos alguns detalhes sobre o tema.

Para Moacyr Amaral Santos, a realização do direito acontece quando a verdade sobre o fato surge:

> Prova é a soma dos fatos produtores da convicção, apurados no processo. Meios de prova são os processos de captar nas fontes probatórias os elementos formadores da prova, isto é, produtores da convicção da existência ou inexistência do fato. (Santos, 1955, p. 16)

Creuza Maria Santos Santana aponta em seu texto o ensinamento de Greco Filho, segundo o qual:

> Prova é todo elemento que pode levar o conhecimento de um fato a alguém e, no processo, é meio destinado a convencer o juiz a respeito da verdade de uma situação de fato. Ainda segundo o autor, a finalidade da prova é o convencimento do juiz e, quando no processo, promover na mente do juiz a transcrição definitiva da certeza relativa em convicção. (Santana, 1999, p. 53)

Podemos ainda observar a definição apresentada por Alberto (2012, p. 25), em que o termo *prova* é descrito como "a demonstração que se faz – o modo – da existência, autenticidade e veracidade de um fato ou ato. Juridicamente, é o meio de convencer o juízo da existência do fato em que se baseia o direito do postulante". Portanto, a prova pode ser entendida como a manifestação, por meios legais, da existência, da autenticidade e/ou da veracidade, ou não, do quanto alegado, sendo o instrumento para transformar a certeza relativa em convicção jurídica.

O *Código Civil*[1] (CC) relaciona os meios de prova admitidos em direito, como segue:

> Art. 212. Salvo o negócio a que se impõe forma especial, o fato jurídico pode ser provado mediante:
> I – confissão;
> II – documento;
> III – testemunha;
> IV – presunção;
> V – perícia.

Ao passo que o artigo 369 do Novo Código de Processo Civil (Novo CPC)[2] detalha que:

> As partes têm o direito de empregar todos os meios legais, bem como os moralmente legítimos, ainda que não especificados neste Código, para provar a verdade dos fatos em que se funda o pedido ou a defesa e influir eficazmente na convicção do juiz.

Essa situação é muito semelhante ao que estava indicado no dispositivo legal anterior, conforme artigo 332 do Código de Processo Civil (CPC)[3] de 1973, em vigor até março de 2016.

As provas permitidas na legislação brasileira estão elencadas do artigo 385 ao 484 do Novo CPC, contemplando:

- depoimento pessoal (do artigo 385 ao 388);
- confissão (do artigo 389 ao 395);
- exibição de documento ou coisa (do artigo 396 ao 404);
- documento (do artigo 405 ao 441);
- testemunha (do artigo 442 ao 463);

1 O termo será expresso por CC. (N. E.)
2 O termo será expresso por Novo CPC. (N. E.)
3 O termo será expresso por CPC. (N. E.)

- perícia (do artigo 464 ao 480);
- inspeção judicial (do artigo 481 ao 484).

O artigo 370 do Novo CPC estabelece a competência do juiz para decidir quais são as provas necessárias para a averiguação do caso, medida que pretende evitar a utilização de demonstrações dispensáveis:

> Caberá ao juiz, de ofício ou a requerimento da parte, determinar as provas necessárias ao julgamento do mérito.
>
> Paragrafo único. O juiz indeferirá, em decisão fundamentada, as diligências inúteis ou meramente protelatórias.

Essa condição é semelhante ao que estava definido ao longo do artigo 130 do CPC de 1973.

Assim, existindo qualquer tipo de dúvida em um processo judicial, o juiz precisa utilizar algum(ns) elemento(s) para a formação completa de sua convicção. Os meios de prova auxiliam nesse sentido, trazendo aos autos maior clareza e certeza sobre o(s) aspecto(s) em debate no processo.

Prova pericial

A prova pericial é um dos meios de prova admitidos em nossa legislação, diferenciando-se das demais modalidades, principalmente em razão do emprego de conhecimento técnico-científico em sua realização. Para Magalhães (2009, p. 12), podemos entender a perícia como o "trabalho de notória especialização feito com o objetivo de obter prova ou opinião para orientar uma autoridade formal no julgamento de um fato, ou desfazer conflito em interesses de pessoas".

Birolli apresenta o seguinte conceito:

> Perícia é a prova técnica necessária para suprir eventual deficiência do juiz, sendo que a mesma deverá ser efetuada através da apresentação de um laudo, elaborado por profissional de confiança do juízo que, em casos determinados por lei, deverá ter formação específica. (Birolli, 2002, p. 52)

No texto de Alberto (2012, p. 19), a perícia é definida como "um instrumento especial de constatação, prova ou demonstração, científica ou técnica, da veracidade de situações, coisas ou fatos". No trabalho acadêmico de Santana, encontramos a seguinte análise sobre a perícia:

> Sob a ótica do Código de Processo Civil, a perícia ocorre quando o juiz admite o pedido das partes, que a ela recorrem para obter informações técnicas adicionais ou melhor qualificadas sobre determinado assunto. Dessa maneira, destaca-se a perícia como instrumento que se reveste da legalidade que lhe é outorgada pelo juiz. A perícia não tem a mesma conotação das outras provas, eis que até mesmo não pode ser considerada como uma prova, mas como uma interpretação da prova dada por um especialista. (Santana, 1999, p. 56)

Oliveira Neto & Mercandale (1998, p. 1) ressaltam ainda que a "perícia, em suas diversas modalidades, tem papel relevante no âmbito da justiça, por ser um dos meios de transformar os fatos alegados em certeza jurídica". A perícia tem como objetos de análise assuntos que dependem de conhecimentos técnicos específicos não possuídos pelo juiz, mas sim pelo perito, conhecedor da matéria especial demandada para o estudo e profissional regularmente habilitado para o exercício de sua função.

Dessa forma, os fatos analisados pela perícia "serão aqueles que não podem ser averiguados por meio do conhecimento ordinário, ou seja, que o juiz não pode obter mediante outros meios de prova, tais como confissão, testemunho e documentos" (Santana, 1999, p. 58).

Pelo que consta do artigo 464 do Novo CPC, e que constava do artigo 420 do CPC de 1973, há três modalidades de prova pericial, requisitadas de acordo com a necessidade e a área de conhecimento técnico específico, tais como descritas a seguir:

- **exame**: inspeção de pessoas, animais, coisas ou bens móveis;
- **vistoria**: constatação *in loco* do estado ou da situação de determinada coisa ou bem imóvel;
- **avaliação**: verificação ou atribuição de valor a alguma coisa, bem ou obrigação.

Apresentamos a seguir os motivos para o deferimento, o indeferimento ou a dispensa da prova pericial.

Deferimento da prova pericial

A realização da perícia será admitida e deferida pelo juiz quando a questão em análise no processo depender de conhecimento técnico ou científico. De acordo com o artigo 156 do Novo CPC, conforme a situação equivalente à que constava do artigo 145 do CPC/1973, em vigor até março de 2016, a análise de situações que ultrapassam o conhecimento jurídico torna necessária a presença do perito, que auxilia o trabalho do juiz.

Indeferimento da prova pericial

Considerando que a emissão de uma opinião técnica em um processo é requisitada somente se são necessários conhecimentos específicos dos quais o juiz não goza, torna-se oportuno o indeferimento da prova técnica pericial quando o magistrado julgar dispensável o domínio de técnica ou ciência específica além da jurídica para a análise dos fatos.

O § 1º do artigo 464 do Novo CPC, em mesmas condições já definidas pelo parágrafo único do artigo 420 do CPC de 1973, descreve ainda outras situações em que a perícia será negada pelo juiz:

I – a prova do fato não depender do conhecimento especial de técnico;
II – for desnecessária em vista de outras provas produzidas;
III – a verificação for impraticável.

Dispensa da prova pericial

Além das circunstâncias já descritas que explicam o indeferimento da prova pericial, o artigo 472 do Novo CPC determina que a perícia feita por profissional de confiança do magistrado poderá ser dispensada quando "as partes, na inicial e na contestação, apresentarem, sobre as questões de fato, pareceres técnicos ou documentos elucidativos que considerar suficientes".[4]

4 No capítulo 4 será estudada mais profundamente a importância do trabalho feito por assistentes técnicos quando da elaboração de pareceres técnicos que acompanham a inicial e/ou contestação do processo judicial.

É relevante observar que esse mesmo dispositivo constava do último formato do CPC de 1973, que esteve em vigor até março de 2016, em seu artigo 427.

Prova técnica simplificada

O Novo CPC reapresenta, de forma mais detalhada e ampliada, em seus §2º, §3º e §4º do artigo 464, o elemento básico que constava do §2º do artigo 421 do CPC de 1973 (introduzido pela Lei 8.455/92), mas agora definido como prova técnica simplificada. Esta nada mais é do que uma alternativa mais ágil para o desenvolvimento de prova técnica em situações de menor grau de complexidade. Assim, vejamos as condições do novo diploma legal:

> Art. 464 [...]
> § 2º De ofício ou a requerimento das partes, o juiz poderá, em substituição à perícia, determinar a produção de prova técnica simplificada, quando o ponto controvertido for de menor complexidade.
> § 3º A prova técnica simplificada consistirá apenas na inquirição de especialista, pelo juiz, sobre ponto controvertido da causa que demande especial conhecimento científico ou técnico.
> § 4º Durante a arguição, o especialista, que deverá ter formação acadêmica específica na área objeto de seu depoimento, poderá valer-se de qualquer recurso tecnológico de transmissão de sons e imagens com o fim de esclarecer os pontos controvertidos da causa.

Resumo do capítulo

Os fatos jurídicos podem ser provados por diversos meios, como documentos, testemunhas, perícias, entre outros, que auxiliam a formação da certeza jurídica. A perícia é um meio de prova realizado mediante procedimentos técnico-científicos. Esse instrumento será deferido quando a prova do fato depender de conhecimento técnico ou científico. Será indeferido quando a prova do fato não depender de conhecimento técnico, quando outras provas forem suficientes ou nos casos em que a verificação for impraticável. Por fim, a perícia poderá ser dispensada em função da apresentação de pareceres técnicos ou documentos elucidativos.

Termos-chave

prova; meio de prova; prova pericial; deferimento de perícia; indeferimento de perícia; dispensa de perícia.

Questionário para revisão

1. O que é prova?
2. Relacione pelo menos quatro meios de prova admitidos em nossa legislação.
3. Explique o que é prova pericial.
4. Em qual(is) situação(ões) a prova pericial deverá ser realizada, sendo o juiz auxiliado pelo perito?
5. Em qual(is) situação(ões) a prova pericial poderá ser indeferida pelo juiz?
6. Em qual(is) situação(ões) a prova pericial poderá ser dispensada pelo juiz?

2 Perícia na área contábil

Após a leitura deste capítulo, você poderá:

- entender o que é a perícia contábil;
- conhecer os procedimentos de trabalho em perícia contábil;
- conhecer o campo de atuação profissional em perícia contábil;
- conhecer as normas brasileiras de contabilidade da perícia contábil.

Perícia contábil

Como já observamos, a perícia é um meio de prova realizado por profissional com conhecimento técnico ou científico. É de natureza contábil quando sua análise recai sobre aspectos relativos ao patrimônio de qualquer entidade. Como definem Oliveira & Mercandale (1998, p. 3), a perícia contábil "é o conjunto de procedimentos técnicos que tem por objetivo a emissão de laudos sobre questões contábeis".

Alberto (2012, p. 33) acrescenta que se trata de "um instrumento técnico científico de constatação, prova ou demonstração quanto à veracidade de situações, coisas ou fatos oriundos das relações, efeitos e haveres que fluem do patrimônio de quaisquer entidades". O autor conclui ainda que:

> Definido que o objeto da ciência contábil é o patrimônio, pode-se inferir que a perícia será de natureza contábil sempre que recair sobre elementos objetivos, constitutivos, prospectivos ou externos, do patrimônio de quaisquer entidades, sejam elas físicas ou jurídicas, formalizadas ou não, estatais ou privadas, de política ou de governo. (Alberto, 2012, p. 31)

Ornelas cita também a importância desse meio de prova em questões controvertidas:

> A Perícia Contábil inscreve-se num dos gêneros de prova pericial, ou seja, é uma das provas técnicas à disposição das pessoas naturais ou jurídicas, e serve como meio de prova de determinados fatos ou de questões patrimoniais controvertidas. (Ornelas, 2011, p. 15)

O autor aprofunda a reflexão sobre o significado dos fatos e das questões contábeis, que são objetos de trabalhos periciais:

> a Contabilidade, enquanto ciência social aplicada, tem por objeto o patrimônio das entidades e das pessoas naturais, seja no aspecto qualitativo, seja no quantitativo, e ainda o observa em situações estáticas e dinâmicas; portanto, quando se relaciona a perícia contábil a fatos ou questões patrimoniais, é evidente e inerente que estas e aquelas sempre hão de referir-se a determinado patrimônio ou parcela deste. (Ornelas, 2011, p. 15)

Lopes de Sá também apresenta definição semelhante:

> Perícia contábil é a verificação de fatos ligados ao patrimônio individualizado visando oferecer opinião, mediante questão proposta. Para tal opinião realizam-se exames, vistorias, indagações, investigações, arbitramentos, em suma todo e qualquer procedimento necessário à opinião. (Lopes de Sá, 2012, p. 3)

O *Conselho Federal de Contabilidade*[1] aprovou a nova redação da Norma Brasileira de Contabilidade TP 01 (NBC TP 01) – Perícia Contábil, apresentada no anexo 1, que relaciona diversas informações técnicas aplicáveis para os trabalhos em perícia contábil. Assim, vejamos seus conceitos iniciais:

> 2. A perícia contábil constitui o conjunto de procedimentos técnico-científicos destinados a levar à instância decisória elementos de prova necessários a subsidiar a justa solução do litígio ou constatação de fato, mediante laudo pericial contábil e/ou parecer técnico-contábil, em conformidade com as normas jurídicas e profissionais e com a legislação específica no que for pertinente.
> 3. O laudo pericial contábil e o parecer técnico-contábil têm por limite o próprio objeto da perícia deferida ou contratada.
> 4. A perícia contábil é de competência exclusiva de contador em situação regular perante o Conselho Regional de Contabilidade de sua jurisdição.
> 5. A perícia judicial é exercida sob a tutela do Poder Judiciário. A perícia extrajudicial é exercida no âmbito arbitral, estatal ou voluntária. A perícia arbitral é exercida sob o controle da lei de arbitragem. Perícias oficial e estatal são executadas sob o controle de órgãos de Estado. Perícia voluntária é contratada, espontaneamente, pelo interessado ou de comum acordo entre as partes. (Conselho Federal de Contabilidade, 2015)

Na NBC TP 01 são abordados aspectos relevantes sobre a perícia contábil, tais como execução; procedimentos; planejamento; termo de diligência; laudo e parecer pericial contábil; além de modelos de trabalho.

Quanto à execução da perícia contábil, a norma técnica destaca a importância do estabelecimento de contato entre o perito-contador assistente

1 O termo será expresso por CFC. (N.E.)

(assistente técnico contábil) e o perito-contador (perito judicial contábil) a fim de realizar o planejamento do trabalho, o fornecimento de documentos e a execução da perícia. Além disso, estabelece os cuidados que devem ser observados pelos peritos na guarda e segurança do processo e dos demais documentos, bem como os critérios técnicos adequados para a realização do trabalho pericial contábil.

Também estão detalhados os diversos procedimentos possíveis de perícia contábil, que deverão fundamentar suas conclusões técnicas, em função da natureza e da complexidade da matéria, como:

- **exame**: análise de livros, registros das transações e documentos;
- **vistoria**: diligência para verificação e constatação de situação, coisa ou fato, de forma circunstancial;
- **indagação**: busca de informações por meio de entrevista com conhecedores do objeto ou de fatos relacionado à perícia;
- **investigação**: pesquisa de dados que estejam ocultos por quaisquer circunstâncias;
- **arbitramento**: determinação de valores ou solução de controvérsia por critério técnico-científico;
- **mensuração**: qualificação e quantificação física de coisas, bens, direitos e obrigações;
- **avaliação**: estabelecimento do valor de coisas, bens, direitos, obrigações, despesas e receitas;
- **certificação**: atestado e autenticação de informação.[2]

Ademais, no planejamento são descritas as condições técnicas de trabalho, com a previsão de etapas da perícia, com base em seu objeto, natureza, oportunidade e extensão de exames, as condições para cumprir prazos, entre outros pontos relevantes. Em seu Modelo nº 04, a NBC TP 01 apresenta a forma de elaboração do planejamento de perícia judicial, que pode servir de apoio ao profissional durante a preparação de seus trabalhos.

2 Alguns assuntos destacados, como termo de diligência, laudo e parecer, que requerem inclusive estudos mais aprofundados em função de seu caráter operacional de trabalho, serão discutidos respectivamente nos capítulos 7, 8 e 9.

Campo de atuação em perícia contábil

A atuação da perícia – e, por extensão, da perícia contábil – pode ocorrer nos campos judicial e extrajudicial. Adotamos assim a classificação da NBC TP 01 para um melhor entendimento das subdivisões desses setores:

- **perícia contábil judicial**: exercida sob a tutela da justiça;
- **perícia contábil extrajudicial**: exercida no âmbito arbitral, estatal ou voluntário.

A perícia contábil judicial é realizada em procedimentos processuais do Poder Judiciário, em função de determinação, requerimento ou necessidade de seus agentes ativos. É desenvolvida com base em condições legais específicas e pode ocorrer nas fases de conhecimento (apreciação das provas) e execução (liquidação).

A perícia contábil arbitral é realizada no Juízo Arbitral ou Câmara de Arbitragem (instância escolhida pelas partes envolvidas), com base na Lei nº 9.307, de 23 de setembro de 1996.

A perícia contábil estatal, também conhecida como semijudicial ou ainda oficial, é realizada no âmbito de um organismo estatal, excluído o Poder Judiciário. Nessa espécie de perícia, a escolha dos profissionais é feita normalmente por concurso público, que determina o ingresso do perito na Polícia Civil, na Polícia Federal, no Ministério Público, entre outras instituições.

A perícia contábil voluntária ou particular (também conhecida como extrajudicial) é desenvolvida por profissionais escolhidos diretamente pelos agentes particulares que identificam sua necessidade. Assim, nesse tipo de perícia não existe o agente intermediário, como a Justiça, a Câmara de Arbitragem ou qualquer outro órgão do Estado.

Nesta publicação, concedemos destaque especial à perícia contábil judicial, uma vez que esse setor detém o maior número de profissionais em atuação. São numerosos os processos em tramitação na Justiça brasileira que necessitam de perícia contábil. Assim, representando a principal atuação do perito contábil, a perícia judicial será detalhada ao longo dos próximos capítulos em seus aspectos técnicos, legais e operacionais.

Resumo do capítulo

A perícia contábil é o meio de prova realizado por profissional com formação e registro específicos quando é necessária a aplicação de conhecimento em contabilidade. Os procedimentos de trabalho em perícia contábil são o exame, a vistoria, a indagação, a investigação, o arbitramento, a mensuração, a avaliação e a certificação. A perícia contábil pode ser dividida em judicial e extrajudicial (arbitral, estatal e voluntária).

Termos-chave

perícia contábil; procedimentos de trabalho em perícia; perícia judicial; perícia extrajudicial; perícia arbitral; perícia estatal; perícia voluntária.

Questionário para revisão

1. O que é perícia contábil?
2. Quais são os procedimentos de perícia contábil? Relacione-os e descreva-os.
3. Qual é o campo de atuação em perícia contábil? Relacione-o e descreva-o.

3
Perito e assistente técnico em perícia contábil

Após a leitura deste capítulo, você poderá:

- entender quem são o perito e o assistente técnico;
- conhecer os procedimentos de habilitação e nomeação do perito judicial;
- conhecer os procedimentos de contratação e de indicação de assistente técnico;
- conhecer os direitos, os deveres e as penalidades a que estão sujeitos o perito e o assistente técnico;
- conhecer as normas brasileiras de contabilidade que regulam a atuação do perito contábil.

Nomeação de perito judicial e indicação de assistente técnico

O perito é o profissional, preferencialmente com ensino superior e específico, que detém conhecimentos técnicos e/ou científicos, os quais o tornam apto a auxiliar a Justiça quando for necessária a aplicação de suas habilidades para provar algum fato ou ato. Deve ser legalmente habilitado, portanto, com formação e capacidade técnica comprovadas a fim de realizar trabalho técnico com a formalização de laudo pericial dentro das condições e dos prazos estabelecidos pelo juiz.

Segundo determinação existente no Novo CPC, a participação do perito como auxiliar técnico do juiz está vinculada às especificações de exigências legais para a sua escolha:

> Art. 156 – O juiz será assistido por perito quando a prova do fato depender de conhecimento técnico ou científico.
>
> § 1º Os peritos serão nomeados entre os profissionais legalmente habilitados e os órgãos técnicos ou científicos devidamente inscritos em cadastro mantido pelo tribunal ao qual o juiz está vinculado.
>
> § 2º Para formação do cadastro, os tribunais devem realizar consulta pública, por meio de divulgação na rede mundial de computadores ou em jornais de grande circulação, além de consulta direta a universidades, a conselhos de classe, ao Ministério Público, à Defensoria Pública e à Ordem dos Advogados do Brasil, para a indicação de profissionais ou de órgãos técnicos interessados.
>
> § 3º Os tribunais realizarão avaliações e reavaliações periódicas para manutenção do cadastro, considerando a formação profissional, a atualização do conhecimento e a experiência dos peritos interessados.
>
> § 4º Para verificação de eventual impedimento ou motivo de suspeição, nos termos dos arts. 148 e 467, o órgão técnico ou científico nomeado para realização da perícia informará ao juiz os nomes e os dados de qualificação dos profissionais que participarão da atividade.
>
> § 5º Na localidade onde não houver inscrito no cadastro disponibilizado pelo tribunal, a nomeação do perito é de livre escolha pelo juiz e deverá recair sobre profissional ou órgão técnico ou científico comprovadamente detentor do conhecimento necessário à realização da perícia.

Portanto, o perito judicial é um profissional de confiança do magistrado, que precisa ter habilidades e capacidades técnicas. É relevante observar que no CPC de 1973, com alterações posteriores e que tiveram repercussão até o mês de março de 2016, constava de seu artigo 145 que os peritos seriam "profissionais de nível universitário, devidamente inscritos no órgão de classe competente", situação essa que não foi incluída no Novo CPC. No entanto, em diversos dispositivos do Novo CPC, a capacidade técnica dos profissionais com formação superior e registrados em órgão de classe competente é destacada como item importante para a escolha de peritos.

Merece destaque, ainda, que o Novo CPC inovou ao apontar que a escolha de peritos pelos juízes deve ser feita com base em cadastros realizados pelos tribunais, além de indicar a possibilidade da atuação de órgãos técnicos ou científicos na função pericial.

O assistente técnico pode ser indicado por cada uma das partes litigantes em um processo judicial para atuar como seu profissional de confiança e acompanhar o trabalho do perito. Nesse caso, deve começar sua atuação com o início da atividade do perito judicial e formalizar seu trabalho técnico por meio da entrega de parecer técnico crítico ao laudo, apresentado após a juntada do trabalho do perito.

O Novo CPC regula ainda o ato de nomeação do perito e estabelece o momento em que as partes litigantes, em um processo judicial, podem indicar a participação de seus assistentes técnicos de confiança, dentre outros aspectos:

> Art. 465 – O juiz nomeará perito especializado no objeto da perícia e fixará de imediato o prazo para a entrega do laudo.
> § 1º Incumbe às partes, dentro de 15 (quinze) dias contados da intimação do despacho de nomeação do perito:
> I – arguir o impedimento ou a suspeição do perito, se for o caso;
> II – indicar assistente técnico;
> III – apresentar quesitos.
> § 2º Ciente da nomeação, o perito apresentará em 5 (cinco) dias:
> I – proposta de honorários;
> II – currículo, com comprovação de especialização;
> III – contatos profissionais, em especial o endereço eletrônico, para onde serão dirigidas as intimações pessoais.

> § 3º As partes serão intimadas da proposta de honorários para, querendo, manifestar-se no prazo comum de 5 (cinco) dias, após o que o juiz arbitrará o valor, intimando-se as partes para os fins do art. 95.
> § 4º O juiz poderá autorizar o pagamento de até cinquenta por cento dos honorários arbitrados a favor do perito no início dos trabalhos, devendo o remanescente ser pago apenas ao final, depois de entregue o laudo e prestados todos os esclarecimentos necessários.
> § 5º Quando a perícia for inconclusiva ou deficiente, o juiz poderá reduzir a remuneração inicialmente arbitrada para o trabalho.
> § 6º Quando tiver de realizar-se por carta, poder-se-á proceder à nomeação de perito e à indicação de assistentes técnicos no juízo ao qual se requisitar a perícia.

Devemos ressaltar que, ao determinar a realização da perícia, o juiz também nomeia o perito de sua confiança e as partes, opcionalmente, indicam seus assistentes técnicos. No entanto, não consta do CPC nenhuma condição específica que descreva objetivamente as exigências às quais está sujeita a escolha do assistente técnico de confiança da parte litigante. Ademais, uma das partes, ou ambas, podem, se assim o desejarem, deixar de indicar um assistente para o acompanhamento dos trabalhos do perito.

Além da oportunidade de indicar um assistente técnico, as partes podem formular quesitos – os quais também podem ser propostos pelo próprio juiz – manifestando as dúvidas que desejam ver esclarecidas pela perícia. Tais quesitos serão detalhados mais adiante, no capítulo 5.

É relevante ressaltar que a determinação do critério para a nomeação do perito é um ato exclusivo do magistrado, não devendo haver restrição quanto a essa liberdade de escolha. Assim, o juiz dispõe de dois sistemas de escolha: um objetivo e outro subjetivo. A análise objetiva refere-se à observação da capacidade técnica do profissional, sua formação, conhecimentos e experiências laborais anteriores. Ao passo que a condição subjetiva envolve o fator credibilidade, uma vez que o perito é um auxiliar de absoluta confiança, motivo pelo qual o magistrado escolhe o profissional que, além da capacidade técnica comprovada, possua um alto grau de confiabilidade.

A legislação estabelece que a falta de conhecimento técnico justifica a substituição do perito judicial inicialmente nomeado em um processo.

Vejamos os termos definidos pelo Novo CPC para os casos de troca de perito, que em parte já existiam no CPC/73 no seu artigo 424:

> Art. 468 – O perito pode ser substituído quando:
> I – faltar-lhe conhecimento técnico ou científico;
> II – sem motivo legítimo, deixar de cumprir o encargo no prazo que lhe foi assinado.
> § 1º No caso previsto no inciso II, o juiz comunicará a ocorrência à corporação profissional respectiva, podendo, ainda, impor multa ao perito, fixada tendo em vista o valor da causa e o possível prejuízo decorrente do atraso no processo.
> § 2º O perito substituído restituirá, no prazo de 15 (quinze) dias, os valores recebidos pelo trabalho não realizado, sob pena de ficar impedido de atuar como perito judicial pelo prazo de 5 (cinco) anos.
> § 3º Não ocorrendo a restituição voluntária de que trata o § 2º, a parte que tiver realizado o adiantamento dos honorários poderá promover execução contra o perito, na forma dos arts. 513 e seguintes deste Código, com fundamento na decisão que determinar a devolução do numerário.

Cabe ainda enfatizar a importância da atuação do perito judicial com as partes envolvidas no processo. Esse profissional deve garantir o acesso ao desenvolvimento de sua atividade, cientificando os interessados no momento em que será iniciado seu trabalho técnico, tal como define o Novo CPC em seu artigo 474: "As partes terão ciência da data e do local designados pelo juiz ou indicados pelo perito para ter início a produção da prova", situação que estava definida pelo artigo 431-A do CPC, o qual esteve em vigor até março de 2016, conforme alterações introduzidas no texto original.

Perícia consensual e escolha do perito pelas partes

Existe uma inovação trazida pelo Novo CPC, que em seu artigo 471 abriu a possibilidade para a realização de perícia consensual, com as seguintes condições:

Art. 471 – As partes podem, de comum acordo, escolher o perito, indicando-o mediante requerimento, desde que:
I – sejam plenamente capazes;
II – a causa possa ser resolvida por autocomposição.
§ 1º As partes, ao escolher o perito, já devem indicar os respectivos assistentes técnicos para acompanhar a realização da perícia, que se realizará em data e local previamente anunciados.
§ 2º O perito e os assistentes técnicos devem entregar, respectivamente, laudo e pareceres em prazo fixado pelo juiz.
§ 3º A perícia consensual substitui, para todos os efeitos, a que seria realizada por perito nomeado pelo juiz.

Habilitação de perito judicial e contratação de assistente técnico

Na maior parte das publicações dedicadas ao tema perícia, não existem estudos específicos sobre o procedimento inicial de contato a ser realizado entre os profissionais que pretendem atuar na função pericial e quem necessite desse tipo de trabalho técnico. O juiz é o responsável pela escolha do profissional de sua confiança para atuar na função de perito, mas não há definições estritas que regulem o estabelecimento da relação entre o pretenso perito e o magistrado que pode elegê-lo para essa finalidade.

Sabemos que a condição de contato entre o especialista que gostaria de atuar como perito judicial e o juiz deve ser formal e profissional, restringido-se ao ambiente forense. Não deve o profissional perturbar o magistrado fora de seu local de trabalho, respeitando ainda os horários possíveis de atendimento no fórum, inclusive observando as situações em que o juiz estiver no exercício de audiências e atividades afins.

O § 2º do artigo 157 do Novo CPC detalha uma condição que já é realidade praticada normalmente pela justiça, representada pela habilitação de peritos pelos juízes, por meio da entrega formal de documentos dos profissionais que pretendem atuar com peritos judiciais nas respectivas unidades jurisdicionais procuradas:

> Art. 157 [...]
> § 2º Será organizada lista de peritos na vara ou na secretaria, com disponibilização dos documentos exigidos para habilitação à consulta de interessados, para que a nomeação seja distribuída de modo equitativo, observadas a capacidade técnica e a área de conhecimento.

É importante ainda ressaltar a existência do dispositivo legal definindo a formação de cadastro de peritos pelos tribunais de justiça, situação essa que representa uma possibilidade de consolidação de prática já realizada por alguns tribunais, conforme condições identificadas no Novo CPC, em seu artigo 156, §1º, §2º e §3º.

Para auxiliar a preparação do pedido formal de habilitação para o exercício da função de perito judicial, apresentamos, no apêndice 1, um modelo burocrático de petição. Devidamente preenchida e adaptada às circunstâncias necessárias, a petição deve ser apresentada pessoalmente pelo profissional ao juiz ou endereçada ao magistrado por meio de protocolo no fórum.

Já para a função de assistente técnico, não existe nenhuma recomendação específica de como deveria proceder o profissional no contato com seus possíveis contratantes – empresas, instituições financeiras, escritórios de advocacia, entre outros possíveis agentes normalmente envolvidos em demadas judiciais. Mas se espera que o oferecimento de trabalhos técnicos pelos profissionais que querem atuar nessa função deva respeitar também algumas regras de profissionalismo e formalidade no encaminhamento de correspondências e/ou ainda contato pessoal, com apresentação de dados pessoais e informações profissionais relevantes.

Escusa do perito por motivo legítimo

O perito judicial habilitado em uma vara judicial não é obrigado a realizar todo e qualquer tipo de trabalho, devendo analisar criteriosamente todas as condições da perícia deferida, como prazos, locais para levantamento de dados e de documentos, volume de informações a serem analisadas, entre outras. Dessa forma, o *expert* nomeado tem condições de verificar a possibilidade de cumprir de forma adequada e profissional a tarefa que lhe foi confiada. Assim, se o perito nomeado em um processo judicial encontrar alguma situação que inviabilize sua atuação profissional naquele momento, deve declarar o motivo e pedir escusa do encargo.

Quanto ao compromisso do encargo de perito e à possível escusa por motivo legítimo, o Novo CPC estabelece o seguinte:

> Art. 157 – O perito tem o dever de cumprir o ofício no prazo que lhe designar o juiz, empregando toda sua diligência, podendo escusar-se do encargo alegando motivo legítimo.
> § 1º A escusa será apresentada no prazo de 15 (quinze) dias, contado da intimação, da suspeição ou do impedimento supervenientes, sob pena de renúncia ao direito a alegá-la.
> [...]
> Art. 466 – O perito cumprirá escrupulosamente o encargo que lhe foi cometido, independentemente de termo de compromisso.
> § 1º Os assistentes técnicos são de confiança da parte e não estão sujeitos a impedimento ou suspeição.
> [...]
> Art. 467 – O perito pode escusar-se ou ser recusado por impedimento ou suspeição.
> Parágrafo único. O juiz, ao aceitar a escusa ou ao julgar procedente a impugnação, nomeará novo perito.

Tais dispositivos estavam identificados em teor praticamente igual no CPC/73, em seus artigos 146, 422 e 423.

Impedimento e suspeição legal do perito judicial

As causas de impedimento e suspeição do perito apontadas no artigo 467 do Novo CPC referem-se aos mesmos motivos que coíbem a atuação do juiz. Nessas situações, existe a perda da imparcialidade dos profissionais envolvidos no processo judicial, o que compromete sua atuação. Vejamos detalhadamente o que está definido no Novo CPC para os casos de impedimento e suspeição do juiz, que recaem também sobre o perito:

> Art. 144 – Há impedimento do juiz, sendo-lhe vedado exercer suas funções no processo:

I – em que interveio como mandatário da parte, oficiou como perito, funcionou como membro do Ministério Público ou prestou depoimento como testemunha;
II – de que conheceu em outro grau de jurisdição, tendo proferido decisão;
III – quando nele estiver postulando, como defensor público, advogado ou membro do Ministério Público, seu cônjuge ou companheiro, ou qualquer parente, consanguíneo ou afim, em linha reta ou colateral, até o terceiro grau, inclusive;
IV – quando for parte no processo ele próprio, seu cônjuge ou companheiro, ou parente, consanguíneo ou afim, em linha reta ou colateral, até o terceiro grau, inclusive;
V – quando for sócio ou membro de direção ou de administração de pessoa jurídica parte no processo;
VI – quando for herdeiro presuntivo, donatário ou empregador de qualquer das partes;
VII – em que figure como parte instituição de ensino com a qual tenha relação de emprego ou decorrente de contrato de prestação de serviços;
VIII – em que figure como parte cliente do escritório de advocacia de seu cônjuge, companheiro ou parente, consanguíneo ou afim, em linha reta ou colateral, até o terceiro grau, inclusive, mesmo que patrocinado por advogado de outro escritório;
IX – quando promover ação contra a parte ou seu advogado.
§ 1º Na hipótese do inciso III, o impedimento só se verifica quando o defensor público, o advogado ou o membro do Ministério Público já integrava o processo antes do início da atividade judicante do juiz.
§ 2º É vedada a criação de fato superveniente a fim de caracterizar impedimento do juiz.
§ 3º O impedimento previsto no inciso III também se verifica no caso de mandato conferido a membro de escritório de advocacia que tenha em seus quadros advogado que individualmente ostente a condição nele prevista, mesmo que não intervenha diretamente no processo.
Art. 145 – Há suspeição do juiz:
I – amigo íntimo ou inimigo de qualquer das partes ou de seus advogados;
II – que receber presentes de pessoas que tiverem interesse na causa antes ou depois de iniciado o processo, que aconselhar alguma das partes acerca do objeto da causa ou que subministrar meios para atender às despesas do litígio;

III – quando qualquer das partes for sua credora ou devedora, de seu cônjuge ou companheiro ou de parentes destes, em linha reta até o terceiro grau, inclusive;
IV – interessado no julgamento do processo em favor de qualquer das partes.
§ 1º Poderá o juiz declarar-se suspeito por motivo de foro íntimo, sem necessidade de declarar suas razões.
§ 2º Será ilegítima a alegação de suspeição quando:
I – houver sido provocada por quem a alega;
II – a parte que a alega houver praticado ato que signifique manifesta aceitação do arguido.
Art. 146 – No prazo de 15 (quinze) dias, a contar do conhecimento do fato, a parte alegará o impedimento ou a suspeição, em petição específica dirigida ao juiz do processo, na qual indicará o fundamento da recusa, podendo instruí-la com documentos em que se fundar a alegação e com rol de testemunhas.
§ 1º Se reconhecer o impedimento ou a suspeição ao receber a petição, o juiz ordenará imediatamente a remessa dos autos a seu substituto legal, caso contrário, determinará a autuação em apartado da petição e, no prazo de 15 (quinze) dias, apresentará suas razões, acompanhadas de documentos e de rol de testemunhas, se houver, ordenando a remessa do incidente ao tribunal.
§ 2º Distribuído o incidente, o relator deverá declarar os seus efeitos, sendo que, se o incidente for recebido:
I – sem efeito suspensivo, o processo voltará a correr;
II – com efeito suspensivo, o processo permanecerá suspenso até o julgamento do incidente.
§ 3º Enquanto não for declarado o efeito em que é recebido o incidente ou quando este for recebido com efeito suspensivo, a tutela de urgência será requerida ao substituto legal.
§ 4º Verificando que a alegação de impedimento ou de suspeição é improcedente, o tribunal rejeitá-la-á.
§ 5º Acolhida a alegação, tratando-se de impedimento ou de manifesta suspeição, o tribunal condenará o juiz nas custas e remeterá os autos ao seu substituto legal, podendo o juiz recorrer da decisão.
§ 6º Reconhecido o impedimento ou a suspeição, o tribunal fixará o momento a partir do qual o juiz não poderia ter atuado.
§ 7º O tribunal decretará a nulidade dos atos do juiz, se praticados quando já presente o motivo de impedimento ou de suspeição.

> Art. 147 – Quando 2 (dois) ou mais juízes forem parentes, consanguíneos ou afins, em linha reta ou colateral, até o terceiro grau, inclusive, o primeiro que conhecer do processo impede que o outro nele atue, caso em que o segundo se escusará, remetendo os autos ao seu substituto legal.
> Art. 148 – Aplicam-se os motivos de impedimento e de suspeição:
> I – ao membro do Ministério Público;
> II – aos auxiliares da justiça;
> III – aos demais sujeitos imparciais do processo.
> § 1º A parte interessada deverá arguir o impedimento ou a suspeição, em petição fundamentada e devidamente instruída, na primeira oportunidade em que lhe couber falar nos autos.
> § 2º O juiz mandará processar o incidente em separado e sem suspensão do processo, ouvindo o arguido no prazo de 15 (quinze) dias e facultando a produção de prova, quando necessária.
> § 3º Nos tribunais, a arguição a que se refere o § 1º será disciplinada pelo regimento interno.
> § 4º O disposto nos §§ 1º e 2º não se aplica à arguição de impedimento ou de suspeição de testemunha.

O Novo CPC ampliou detalhes sobre as condições de impedimento e suspeição que constavam dos artigos 134, 135, 136, 137 e 138 do CPC/73 em sua última versão antes de revogação.

Ainda sobre esse assunto, encontramos a seguinte determinação do *Código de Processo Penal* (CPP):[1]

> Art. 112 – O juiz, o órgão do Ministério Público, os serventuários ou funcionários de justiça, os peritos ou intérpretes abster-se-ão de servir no processo, quando houver incompatibilidade ou impedimento legal, que declararão nos autos. Se não se der a abstenção, a incompatibilidade ou impedimento poderá ser arguido pelas partes, seguindo-se o processo estabelecido para a exceção de suspeição.

Ressaltamos, contudo, que a escolha do assistente técnico não segue os motivos de impedimento e suspeição do perito, conforme o §1º do artigo 466 do Novo CPC, o qual estabelece que os "assistentes técnicos são de confiança da parte e não estão sujeitos a impedimento ou suspeição",

1 O termo será expresso por CPP. (N. E.)

em mesma condição que já estava definida no artigo 422 do CPC/73, com alteração introduzida pela Lei 8.455 de 1992.

Informações inverídicas em perícia

O perito judicial deve intensificar sua atenção durante a realização de seus trabalhos técnicos quando estiver analisando dados e documentos, com destaque especial para o cuidado com as informações apresentadas no processo judicial. O Novo CPC estabelece as seguintes condições para os casos de informações inverídicas prestadas pelo perito:

> Art. 158 – O perito que, por dolo ou culpa, prestar informações inverídicas responderá pelos prejuízos que causar à parte e ficará inabilitado para atuar em outras perícias no prazo de 2 (dois) a 5 (cinco) anos, independentemente das demais sanções previstas em lei, devendo o juiz comunicar o fato ao respectivo órgão de classe para adoção das medidas que entender cabíveis.

É relevante observar que a referida condição aumentou a penalidade definida anteriormente, por meio do artigo 147 do CPC/73.

O *Código Penal* (CP)[2] também determina sanções para os casos de afirmações falsas e ocultação da verdade por parte do perito:

> Art. 342 – Fazer afirmação falsa, ou negar ou calar a verdade, como testemunha, perito, contador, tradutor ou intérprete em processo judicial, ou administrativo, inquérito policial, ou em juízo arbitral:
> Pena – reclusão, de 1 (um) a 3 (três) anos, e multa.
> § 1º As penas aumentam-se de 1/6 (um sexto) a 1/3 (um terço), se o crime é praticado mediante suborno ou se cometido com o fim de obter prova destinada a produzir efeito em processo penal, ou em processo civil em que for parte entidade da administração pública direta ou indireta.
> § 2º O fato deixa de ser punível se, antes da sentença no processo em que ocorreu o ilícito, o agente se retrata ou declara a verdade.
> Art. 343 – Dar, oferecer ou prometer dinheiro ou qualquer outra vantagem a testemunha, perito, contador, tradutor ou intérprete, para fazer afirma-

2 O termo será expresso por CP. (N. E.)

ção falsa, negar ou calar a verdade em depoimento, perícia, cálculos, tradução ou interpretação:
Pena – reclusão, de 3 (três) a 4 (quatro) anos, e multa.
Parágrafo único – As penas aumentam-se de 1/6 (um sexto) a 1/3 (um terço), se o crime é cometido com o fim de obter prova destinada a produzir efeito em processo penal ou em processo civil em que for parte entidade da administração pública direta ou indireta.

Perito contábil

A NBC PP 01 (2015) do CFC é apresentada no anexo 2 e detalha uma série de informações úteis aos profissionais que atuam ou pretendem atuar na função de perito contábil. Vejamos seus conceitos iniciais:

1. Perito é o contador, regularmente registrado em Conselho Regional de Contabilidade, que exerce a atividade pericial de forma pessoal, devendo ser profundo conhecedor, por suas qualidades e experiências, da matéria periciada.
2. Perito oficial é o investido na função por lei e pertencente a órgão especial do Estado destinado, exclusivamente, a produzir perícias e que exerce a atividade por profissão.
3. Perito do juízo é nomeado pelo juiz, árbitro, autoridade pública ou privada para exercício da perícia contábil.
4. Perito-assistente é o contratado e indicado pela parte em perícias contábeis. (Conselho Federal de Contabilidade, 2015)

A referida resolução contempla ainda diversos temas que podem complementar os estudados no exercício da função de perito contábil, como habilitação profissional; impedimento e suspeição; responsabilidade; zelo profissional e utilização de trabalho de especialista. A NBC PP 01 apresenta também os modelos nºs 1 a 6, com a proposta de formatos de pedidos de escusa e recusa para funções periciais contábeis diversas.

Ainda no que tange à atuação do perito contábil, merecem destaque os deveres relacionados pelo Código de Ética Profissional do Contador, aprovado pela Resolução nº 803/1996 do CFC, com as devidas alterações introduzidas pelas Resoluções nºs 819/1997, 942/2002, 950/2002 e 1.307/2010.

Assim, vejamos:

> Art. 5º – O Contador, quando perito, assistente técnico, auditor ou árbitro, deverá:
> I – recusar sua indicação quando reconheça não se achar capacitado em face da especialização requerida;
> II – abster-se de interpretações tendenciosas sobre a matéria que constitui objeto de perícia, mantendo absoluta independência moral e técnica na elaboração do respectivo laudo;
> III – abster-se de expender argumentos ou dar a conhecer sua convicção pessoal sobre os direitos de quaisquer das partes interessadas, ou da justiça da causa em que estiver servindo, mantendo seu laudo no âmbito técnico e limitado aos quesitos propostos;
> IV – considerar com imparcialidade o pensamento exposto em laudo submetido à sua apreciação;
> V – mencionar obrigatoriamente fatos que conheça e repute em condições de exercer efeito sobre peças contábeis objeto de seu trabalho, respeitado o disposto no inciso II do art. 2º;
> VI – abster-se de dar parecer ou emitir opinião sem estar suficientemente informado e munido de documentos;
> VII – assinalar equívocos ou divergências que encontrar no que concerne à aplicação dos Princípios de Contabilidade e Normas Brasileiras de Contabilidade editadas pelo CFC;
> VIII – considerar-se impedido para emitir parecer ou elaborar laudos sobre peças contábeis, observando as restrições contidas nas Normas Brasileiras de Contabilidade editadas pelo Conselho Federal de Contabilidade;
> IX – atender à Fiscalização dos Conselhos Regionais de Contabilidade e Conselho Federal de Contabilidade no sentido de colocar à disposição desses, sempre que solicitado, papéis de trabalho, relatórios e outros documentos que deram origem e orientaram a execução do seu trabalho. (Conselho Federal de Contabilidade, 1996)

Cadastro Nacional de Peritos Contábeis

O CFC criou o Cadastro Nacional de Peritos Contábeis (CNPC)[3] por meio da Resolução 1502 de 2016, considerando os impactos trazidos pelo Novo CPC, em especial as condições de seu artigo 156, que dispõe sobre a criação de cadastro de peritos pelos tribunais de justiça, com necessária

3 O termo será expresso por CNPC. (N. E.)

consulta de conselhos de classe para formação dessas listagens de profissionais capacitados.

O CNPC organiza a relação de profissionais da contabilidade com experiência na atuação em perícia contábil, nas suas diversas modalidades, indicando a necessidade de comprovação de pelo menos uma das situações:

> I – cópia da Ata ou Despacho Judicial, contendo a nomeação e o protocolo de entrega do Laudo Pericial para comprovar a sua atuação como perito do juízo;
> II – cópia da Petição com a indicação formal e o protocolo de entrega do Parecer Técnico Pericial para comprovar a atuação como perito assistente indicado pelas partes no processo judicial;
> III – cópia do documento que formalizou sua contratação e a entrega do Laudo Pericial ou do Parecer Técnico Pericial para comprovar atuação como perito em demandas extrajudiciais que envolvam formas alternativas de solução de conflitos;
> IV – cópia do ato relativo à sua nomeação ou certidão emitida por órgão policial para comprovar sua atuação como perito oficial em demandas de natureza criminal.

A comprovação de experiência ocorre somente para os cadastramentos realizados até 31 de dezembro de 2016, sendo que a partir de 1º de janeiro de 2017 a inscrição no CNPC será efetivada com a condição de aprovação em exame de qualificação técnica promovido pelo CFC.

Considerando a comprovação das informações exigidas pelo CFC, ou após aprovação em exame, os dados do profissional cadastrado são disponibilizados para consulta pública, podendo ainda auxiliar na alimentação de dados eventualmente solicitados pelos tribunais de justiça e por outros órgãos públicos ou privados.

Além disso, ainda existem detalhes sobre a forma de inscrição e manutenção do cadastro, ficando definida a participação dos profissionais relacionados no CNPC em Programa de Educação Profissional Continuada regulamentado pelo CFC.

Resumo do capítulo

O perito judicial é nomeado pelo juiz e elabora o laudo. O assistente técnico é indicado pela parte (autor/réu) e elabora o parecer técnico. O perito pode recusar a perícia por razão legítima e sua atuação é coibida quando há motivos de impedimento e suspeição. Esse profissional pode ser penalizado por apresentar informações inverídicas.

Termos-chave

perito; perito judicial; assistente técnico; perito contábil; habilitação e nomeação de perito judicial; contratação e indicação de assistente técnico; escusa do perito por motivo legítimo; impedimento e suspeição do perito; informações inverídicas em perícia.

Questionário para revisão

1. Quem pode exercer a função de perito?
2. Quem pode exercer a função de assistente técnico?
3. O perito tem o dever de aceitar todas as perícias para as quais for nomeado? Explique.
4. O que são os motivos de impedimento e suspeição do perito?
5. O assistente técnico está sujeito aos mesmos motivos de impedimento e suspeição que o perito? Explique.
6. Quais podem ser as penalidades aplicáveis ao perito por apresentar informações inverídicas em perícia?

4
Parecer técnico-contábil na inicial e na contestação de processo judicial

Após a leitura deste capítulo, você poderá:

- entender a importância do parecer técnico apresentado junto com a inicial ou a contestação de um processo judicial;
- elaborar pareceres técnicos, defendendo ou demonstrando tecnicamente os argumentos da inicial ou da contestação.

Parecer técnico na inicial e na contestação

Apesar da quase inexistência de referências nas publicações sobre perícia contábil, está definida, no artigo 472 do Novo CPC, a possibilidade da apresentação de pareceres técnicos durante o processo judicial e antes ainda da eventual realização de perícia. A legislação referida dispõe que o "juiz poderá dispensar prova pericial quando as partes, na inicial e na contestação, apresentarem, sobre as questões de fato, pareceres técnicos ou documentos elucidativos que considerar suficientes", mesma situação que já constava do artigo 427 do CPC/73, por meio da alteração incluída pela Lei 8.455/1992.

Assim, observamos inicialmente um aspecto da grande importância do trabalho que pode ser desenvolvido pelo assistente técnico contratado por uma das partes litigantes em um processo judicial, uma vez que o parecer técnico apresentado na inicial e/ou na contestação pode até tornar desnecessária a prova pericial. Dessa forma, o trabalho do assistente técnico tem condição de superar o valor da perícia se o primeiro for considerado suficiente pelo magistrado para formar sua convicção sobre as questões técnicas em debate.

Com base na situação descrita, é verificada a relevância do estudo e do aprofundamento de detalhes que devem ser observados pelo assistente técnico quando contratado para elaborar um parecer técnico ainda durante o andamento da ação judicial. Mas não podemos esquecer que, embora sejam juntados pareceres técnicos na inicial e/ou na contestação, o juiz somente dispensará a realização de prova pericial se considerar referidos trabalhos técnicos suficientes para sua análise e entender que a perícia não representa nenhum avanço no entendimento de questões técnicas em discussão.

Também é importante ressaltar que, em qualquer fase de um processo judicial, a opinião expressa no parecer técnico sempre representa o entendimento técnico parcial elaborado por profissional de confiança da parte e não do juiz. Dessa forma, mesmo tendo sido oferecidos pareceres técnicos na inicial e/ou contestação, podem ser deferidas a realização de prova pericial e a nomeação de perito judicial de confiança do magistrado, seja para o esclarecimento de eventuais dúvidas ainda existentes ou para a obtenção de opinião técnica imparcial de profissional de credibilidade reconhecida pelo juiz.

Além do quanto definido objetivamente pelo artigo 472 do Novo CPC, observamos ainda que a Lei 12.810/2013 incluiu no CPC uma importante alteração na dinâmica da petição inicial de processos ordinários distribuídos na justiça, pelas condições definidas pelo artigo 285-B, que continua existindo por meio do § 2º do artigo 330 do Novo CPC. Vejamos:

> Art. 330 [...]
> § 2º Nas ações que tenham por objeto a revisão de obrigação decorrente de empréstimo, de financiamento ou de alienação de bens, o autor terá de, sob pena de inépcia, discriminar na petição inicial, dentre as obrigações contratuais, aquelas que pretende controverter, além de quantificar o valor incontroverso do débito.

Dessa forma, surge mais uma justificativa para a contratação de assistente técnico, com a função de elaborar cálculos para quantificar o valor pleiteado como correto em processos envolvendo operações financeiras. Nessas situações, a petição inicial do processo deve, necessariamente, estar acompanhada da apuração do valor incontroverso, considerado como devido pelo autor da ação, e isso é tarefa que deve ser desempenhada por profissionais capacitados.

Características e forma de apresentação do parecer técnico

Diversos estudos já foram feitos sobre as características e as condições para a elaboração do laudo pericial e do parecer técnico entregue após o laudo, mas são escassos os detalhes sobre a forma como deve ser preparado o parecer técnico apresentado junto com a inicial e/ou a contestação do processo judicial.

No intuito de apresentar as principais condições a serem consideradas para a formatação do trabalho técnico que acompanha os argumentos do autor e/ou do réu em um processo judicial, principalmente com base nos usos feitos pelos profissionais que atuam nessa função, podemos definir que:

- O parecer técnico da inicial e/ou da contestação deve ser endereçado ao contratante e não ao juiz.

- O assistente técnico deve considerar em seu trabalho os aspectos técnicos convergentes com o argumento jurídico defendido por seu contratante (autor ou réu).
- O parecer técnico tem como objetivo demonstrar tecnicamente o *quantum* defendido na inicial ou na contestação, respeitando os princípios técnicos profissionais e o código de ética profissional.
- No parecer técnico não podem ser abordados aspectos que não foram levantados pelo contratante, bem como não devem ser negligenciados pontos detalhados em sua argumentação.

Modelo

No apêndice 2 é apresentado um modelo de parecer técnico – inicial/contestação, indicando sua forma de caracterização.

Resumo do capítulo

As partes (autor e réu) podem apresentar pareceres técnicos junto com a inicial e/ou a contestação de um processo judicial. Assim, o juiz pode dispensar a prova pericial, considerando o(s) parecer(es) técnico(s) suficiente(s) para a formação de sua convicção.

Termos-chave

parecer técnico; parecer técnico inicial; parecer técnico contestação; dispensa da prova pericial.

Questionário para revisão

1. Pode ser apresentado parecer técnico junto com a inicial e/ou a contestação de um processo judicial?
2. A prova pericial sempre ocorrerá em um processo judicial? Em caso positivo, qual seria o motivo para a sua dispensa?
3. Quais devem ser as características do parecer técnico apresentado na inicial e/ou na contestação de um processo judicial?

5
Quesitos em perícia judicial contábil

Após a leitura deste capítulo, você poderá:

- entender as principais características e as diferenças entre quesitos, quesitos suplementares e quesitos para esclarecimento;
- formular ou auxiliar na formulação de quesitos em perícia judicial contábil;
- responder ou auxiliar na resposta de quesitos em perícia judicial contábil.

Quesitos

Durante a elaboração do laudo pericial, dentre outras atividades e etapas para a formalização de seu trabalho técnico, cabe ao perito judicial responder aos quesitos formulados pelas partes e deferidos pelo juiz. Tais quesitos devem apresentar-se na forma de perguntas ou pedidos de natureza técnica ou científica e focar-se no objeto em discussão. Ademais, é fundamental que se limitem ao período/lançamento/operação em questão no processo e evitem abordar questões especulativas, alheias à área técnica da perícia ou ainda que envolvam análise e interpretação de matéria jurídica.

Assim, podemos definir os quesitos como as perguntas e/ou os pedidos feitos ao perito judicial com o intuito de responder às dúvidas levantadas por questões em discussão no processo que envolvam matéria técnica de conhecimento da perícia. De acordo com o Novo CPC, há momento específico para que as partes formulem tais quesitos no curso do processo:

> Art. 465 – O juiz nomeará perito especializado no objeto da perícia e fixará de imediato o prazo para a entrega do laudo.
> § 1º Incumbe às partes, dentro de 15 (quinze) dias contados da intimação do despacho de nomeação do perito:
> [...]
> III – apresentar quesitos. [...]

Apesar de não haver nenhuma determinação legal para a participação de assistentes técnicos no momento da formulação de quesitos em uma perícia, existe uma identificação direta entre esse profissional e os quesitos formulados pela parte. Sendo o quesito a representação das dúvidas colocadas para esclarecimento técnico pelo perito, nada mais razoável que admitir a necessidade de conhecimento técnico específico para o auxílio das partes em sua elaboração. Logo, quando as partes formulam quesitos em uma perícia, podem e devem requisitar ao assistente técnico contratado ajuda na preparação adequada de quesitos que serão indicados para resposta pelo perito.

A formulação de tais quesitos deve observar o que ressalta Ornelas (2011, p. 68): "É de bom tom imaginar que os quesitos formulados pelas partes são oferecidos perseguindo determinados objetivos, ou seja, ver produzida prova contábil que dê guarida aos fatos por elas alegados".

Assim, na formulação de quesitos pelas partes, o assistente técnico pode ter uma participação determinante, pois deve aplicar seu conhecimento técnico para questionar aquilo que é estritamente relevante e necessário para confirmar, por meio da resposta da perícia, os fatos alegados pela parte.

Além disso, o juiz pode propor ao perito judicial perguntas que julgar necessárias ao esclarecimento da causa. Cabe ao magistrado também a análise do conteúdo dos questionamentos feitos pelas partes e o indeferimento daqueles considerados impertinentes, conforme consta do artigo 470 do Novo CPC. Nesse mesmo sentido, é de competência do julgador tomar as providências para evitar quesitos que exijam empenho desnecessário da perícia ou que possam ter a intenção de retardar o andamento do processo, como definido pelo artigo 370 do Novo CPC.

Ornelas (2011, p. 67) esclarece que os quesitos impertinentes "abordam, geralmente, aspectos não relacionados com o que se debate nos autos do processo, ou então, são perguntas que buscam do perito opinião fora de sua competência legal".

Podem ser considerados questionamentos impertinentes em uma perícia aqueles que:

- não se referem estritamente ao objeto em discussão no processo;
- extrapolam o(s) período(s) dos fatos a serem analisados;
- envolvem aspectos de outras áreas do conhecimento;
- envolvem questões de mérito ou interpretação de matéria jurídica;
- têm caráter procrastinatório;
- resultam de opinião pessoal do perito e não técnica, entre outros.

Quesitos suplementares

Ainda de acordo com o Novo CPC, em seu artigo 469, é facultado às partes formular quesitos após o prazo definido no artigo 465, ou seja, ainda durante a realização do trabalho pericial e a elaboração do laudo:

> Art. 469 – As partes poderão apresentar quesitos suplementares durante a diligência, que poderão ser respondidos pelo perito previamente ou na audiência de instrução e julgamento.

> Parágrafo único – O escrivão dará à parte contrária ciência da juntada dos quesitos aos autos.

A oportunidade de apresentação de quesitos suplementares pode auxiliar as partes na eventualidade de surgirem novos aspectos para análise pericial ou ainda no maior detalhamento e/ou aprofundamento de situações abordadas nos quesitos iniciais. Sobre esses quesitos, lembramos que os aspectos existentes nos artigos 465, 469 e 470 do Novo CPC possuem condições próximas às que existiam, respectivamente, nos artigos 421, 425 e 426 do CPC/73, que esteve em vigor até março de 2016.

Quesitos para esclarecimento

A entrega do laudo pericial pode não representar a conclusão da atividade do perito judicial no processo. É dever do profissional esclarecer eventuais dúvidas que possam surgir sobre o trabalho técnico apresentado, tal como estabelece o Novo CPC:

> Art. 477 [...]
> § 2º O perito do juízo tem o dever de, no prazo de 15 (quinze) dias, esclarecer ponto:
> I – sobre o qual exista divergência ou dúvida de qualquer das partes, do juiz ou do órgão do Ministério Público;
> II – divergente apresentado no parecer do assistente técnico da parte.
> § 3º Se ainda houver necessidade de esclarecimentos, a parte requererá ao juiz que mande intimar o perito ou o assistente técnico a comparecer à audiência de instrução e julgamento, formulando, desde logo, as perguntas, sob forma de quesitos.
> § 4º O perito ou o assistente técnico será intimado por meio eletrônico, com pelo menos 10 (dez) dias de antecedência da audiência.

Essa nova condição legal ampliou os detalhes que existiam no artigo 435 do CPC/73 revogado.

Assim, conforme descrito acima, cabe ao perito apresentar os devidos esclarecimentos aos quesitos formulados para esse fim. As formas e as condições para a apresentação dos esclarecimentos periciais serão abordadas com mais detalhes no capítulo 10.

Respostas aos quesitos

O perito judicial deve elaborar respostas adequadas aos quesitos formulados apresentando todo o detalhamento técnico necessário para o atendimento completo ao que está sendo solicitado. A resposta apresentada ao quesito deve atingir o objetivo perseguido por quem o formulou, razão pela qual devem ser evitadas respostas evasivas, tendenciosas ou dúbias, que possam levar a mais de uma interpretação ou gerar mais dúvidas.

Tudo o que for respondido pelo perito judicial deve representar o entendimento técnico fundamentado da perícia, sem qualquer envolvimento pessoal do profissional com as questões em discussão. Além disso, é extremamente importante a coerência no trabalho pericial, de modo que as respostas apresentadas pela perícia não coloquem o profissional em contradição com outras considerações evidenciadas no laudo.

Deve haver um grande cuidado com a forma pela qual serão respondidos os quesitos oferecidos. Dessa maneira, devem ser observados alguns critérios como clareza, objetividade, fundamentação técnica, justificativa e indicação da origem de dados, de documentos e de informações. O cuidado com o uso excessivo de termos técnicos é fundamental para que não prejudique o entendimento.

Sobre essas questões, deve-se observar ainda a condição determinada pelo Novo CPC, em seu artigo 473, item IV, no qual está destacada a necessidade de apresentação no laudo de "resposta conclusiva a todos os quesitos apresentados pelo juiz, pelas partes e pelo órgão do Ministério Público".

A apresentação de respostas simples como "sim" ou "não" devem ser evitadas, pois não indicam ou justificam a resposta, deixando de evidenciar sua fundamentação.

Devemos frisar também que respostas muito curtas podem desconsiderar aspectos importantes para seu entendimento e fundamentação, ao passo que respostas muito longas podem tornar o argumento confuso ou até mesmo ultrapassar os limites do objetivo questionado. Nesse sentido, Ornelas destaca que:

> Oferecer resposta correta e adequada aos quesitos formulados tem por pressuposto saber ler e entender o que está sendo indagado, tarefa essa

> nem sempre tranquila, mormente, quando o texto da indagação seja dúbio ou permita mais de uma interpretação técnica.
> Cuidado especial deve ser dado a determinados quesitos cujo conteúdo envolva matéria de direito. Salvo naquilo que for necessário reportar para atender à questão técnica proposta, o perito judicial deve eximir-se de oferecer resposta a esse tipo de pergunta mesmo porque fora de sua competência legal. (Ornelas, 2011, p. 68)

Exemplos de quesitos formulados e respostas apresentadas

Para um melhor entendimento das formas como os quesitos costumam ser encontrados em diversas perícias contábeis, apresentamos alguns exemplos comentados a seguir.

Quesitos formulados em uma perícia judicial contábil

(**Modelo A**) *Quesito*: Os valores devidos foram pagos?

(**Modelo B**) *Quesito*: Os valores das parcelas mensais devidas pelo réu ao autor, em função do contrato de empréstimo nº 010203 celebrado entre as partes em 10/1/2008 e identificado às fls. 15/16 dos autos do processo, foram pagos? Fundamentar a resposta com a identificação e o detalhamento dos documentos analisados pela perícia.

O quesito do *Modelo A* deixou de indicar diversos detalhes, o que compromete seu entendimento completo. Entre eles, podemos citar os seguintes: Quais valores são esses? Valores devidos por quem? Valores devidos a quem? Qual é o período para análise de valores? Por que os valores são devidos? Ou seja, o quesito está mal formulado, possibilitando diversas dúvidas que podem gerar problemas em seu atendimento pelo perito.

Por outro lado, o quesito do *Modelo B* detalhou as informações solicitadas, não deixando margem para dúvidas a respeito dos objetivos do pedido, razão pela qual podemos considerá-lo adequado para a perícia.

Respostas

(**Modelo C**) *Resposta*: Sim.

(**Modelo D**) *Resposta*: Positiva é a resposta. De acordo com o que consta dos registros contábeis fornecidos pelas partes ao perito judicial e identificados pelos documentos 01 e 02 do laudo, é possível observar os lançamentos dos pagamentos de todas as 24 (vinte e quatro) parcelas do contrato nº 010203 celebrado entre as partes em 10/1/2008 e identificado às fls. 15/16 dos autos. Além disso, a confirmação dos pagamentos pode ser observada pelos comprovantes de pagamento juntados aos autos às fls. 100/124 e pelos extratos da conta-corrente do autor, identificados às fls. 125/148.

A resposta do *Modelo C* não apresenta nenhuma indicação de origem da informação ou justificativa para a resposta afirmativa, deixando dúvidas como as citadas a seguir: Os valores foram pagos por quem? Quando foram pagos? Como foram pagos? Existem documentos comprobatórios dos pagamentos? Ou seja, a simples resposta "sim" ocasiona muitas dúvidas e pode gerar mais questionamentos a serem esclarecidos pela perícia. É, portanto, uma resposta inadequada.

A resposta do *Modelo D* é mais pertinente, ainda que o quesito tivesse sido omisso e não tivesse detalhado as informações sobre os valores questionados. Ela oferece todo o detalhamento técnico necessário para seu entendimento completo, com a devida indicação de número do contrato; quantidade de parcelas devidas e pagas; justificativa da resposta, com indicação da origem dos dados e confirmação por meio de confronto de documentos. Dessa forma, verificamos que a resposta *Modelo D* atendeu exatamente ao que foi solicitado no quesito, apresentando justificativas para a resposta positiva.

Resumo do capítulo

Os quesitos em uma perícia judicial são perguntas ou pedidos feitos pelo juiz e/ou pelas partes envolvidas no processo. Podem ser solicitados antes do início da perícia, durante a realização da perícia (suplementares) ou, ainda, após a realização da perícia (esclarecimento). O perito judicial deve apresentar respostas técnicas aos quesitos formulados e deferidos pelo juiz, uma vez que quesitos impertinentes são indeferidos pelo juiz.

Termos-chave

quesitos; quesitos suplementares; esclarecimento do perito; esclarecimento do assistente técnico.

Questionário para revisão

1. O que são quesitos em uma perícia judicial?
2. Que tipos de quesitos podem ser considerados impertinentes, justificando inclusive seu indeferimento pelo juiz?
3. Em que momento(s) pode(m) ser formulados quesitos em uma perícia judicial? Detalhe-os e descreva-os.
4. Quem pode formular quesitos em uma perícia judicial?
5. Quem deve responder aos quesitos formulados em uma perícia judicial?
6. Quais devem ser as características principais das respostas apresentadas aos quesitos formulados em uma perícia judicial?

6 Remuneração do perito judicial e do assistente técnico em perícia contábil

Após a leitura deste capítulo, você poderá:

- entender as características e diferenças da remuneração do perito judicial e do assistente técnico atuantes em processos judiciais;
- elaborar uma estimativa de honorários relativos à função de perito judicial, com a formalização de petição de honorários;
- elaborar uma estimativa de honorários relativos à função de assistente técnico, com a formalização de contrato de prestação de serviços.

Existem grandes diferenças entre as atuações do perito judicial e do assistente técnico, as quais também se aplicam à remuneração. O assistente técnico é um profissional de confiança da parte, que o indica para atuar no processo, e deve então ser remunerado pela contratante. O perito é escolhido pelo magistrado, quem tem a competência legal para determinar o valor, o momento e o responsável pelo pagamento da remuneração pericial. As condições de remuneração dos profissionais que atuam em perícia judicial estão descritas nos artigos 95 e 465 do Novo CPC, como segue:

> Art. 95 – Cada parte adiantará a remuneração do assistente técnico que houver indicado, sendo a do perito adiantada pela parte que houver requerido a perícia ou rateada quando a perícia for determinada de ofício ou requerida por ambas as partes.
> § 1º O juiz poderá determinar que a parte responsável pelo pagamento dos honorários do perito deposite em juízo o valor correspondente.
> § 2º A quantia recolhida em depósito bancário à ordem do juízo será corrigida monetariamente e paga de acordo com o art. 465, § 4º.
> [...]
> Art. 465 – O juiz nomeará perito especializado no objeto da perícia e fixará de imediato o prazo para a entrega do laudo.
> [...]
> § 2º Ciente da nomeação, o perito apresentará em 5 (cinco) dias:
> I – proposta de honorários;
> [...]
> § 3º As partes serão intimadas da proposta de honorários para, querendo, manifestar-se no prazo comum de 5 (cinco) dias, após o que o juiz arbitrará o valor, intimando-se as partes para os fins do art. 95.
> § 4º O juiz poderá autorizar o pagamento de até cinquenta por cento dos honorários arbitrados a favor do perito no início dos trabalhos, devendo o remanescente ser pago apenas ao final, depois de entregue o laudo e prestados todos os esclarecimentos necessários.
> § 5º Quando a perícia for inconclusiva ou deficiente, o juiz poderá reduzir a remuneração inicialmente arbitrada para o trabalho.

Especificamente para as situações de processos em que existe o deferimento de assistência judiciária gratuita, e que não estavam detalhadas na antiga legislação, temos as seguintes condições para o pagamento de honorários periciais identificadas ainda pelo artigo 95 do Novo CPC:

> Art. 95 [...]
> § 3º Quando o pagamento da perícia for de responsabilidade de beneficiário de gratuidade da justiça, ela poderá ser:
> I – custeada com recursos alocados no orçamento do ente público e realizada por servidor do Poder Judiciário ou por órgão público conveniado;
> II – paga com recursos alocados no orçamento da União, do Estado ou do Distrito Federal, no caso de ser realizada por particular, hipótese em que o valor será fixado conforme tabela do tribunal respectivo ou, em caso de sua omissão, do Conselho Nacional de Justiça.
> § 4º Na hipótese do § 3º, o juiz, após o trânsito em julgado da decisão final, oficiará a Fazenda Pública para que promova, contra quem tiver sido condenado ao pagamento das despesas processuais, a execução dos valores gastos com a perícia particular ou com a utilização de servidor público ou da estrutura de órgão público, observando-se, caso o responsável pelo pagamento das despesas seja beneficiário de gratuidade da justiça, o disposto no art. 98, § 2º.
> § 5º Para fins de aplicação do § 3º, é vedada a utilização de recursos do fundo de custeio da Defensoria Pública.

É relevante observar que somente uma pequena parte dos elementos identificados nos artigos 95 e 465 do Novo CPC existiam no artigo 33 do CPC/73, tendo sido bastante ampliadas as situações sobre os honorários periciais, inclusive passando a ser obrigatória a apresentação de proposta de honorários pelo perito judicial, condição inexistente antes da nova legislação.

A seguir, detalhamos alguns dos aspectos que diferenciam a remuneração do perito judicial daquela recebida pelo assistente técnico.

Perito judicial

- Remuneração adiantada por quem requer a perícia ou então rateada pelas partes (se ambas as partes tiverem requerido a perícia);
- Honorários depositados judicialmente;
- Possibilidade de liberação parcial de honorários no início da perícia;
- Levantamento dos honorários após a entrega do laudo pericial e de eventuais esclarecimentos.

Assistente técnico

- Remuneração adiantada pelo contratante (parte que o indicou);
- Não existe depósito judicial de seus honorários;
- Não existe determinação sobre a forma ou o momento para pagamento de seus honorários.

Dessa maneira, verificamos que a forma de pagamento e o valor pela remuneração profissional do assistente técnico dependem, exclusivamente, das condições negociadas com a parte que o contratou para atuar na ação. Contudo, os honorários do perito judicial passam pela análise crítica do juiz, do responsável pelo pagamento desse valor e ainda da parte contrária na ação, interessada, sobretudo, no eventual resguardo de seus interesses, em possível situação de sucumbência. Esse último aspecto está indicado nos artigos 82 e 84 do Novo CPC:

> Art. 82 – Salvo as disposições concernentes à gratuidade da justiça, incumbe às partes prover as despesas dos atos que realizarem ou requererem no processo, antecipando-lhes o pagamento, desde o início até a sentença final ou, na execução, até a plena satisfação do direito reconhecido no título.
> § 1º Incumbe ao autor adiantar as despesas relativas a ato cuja realização o juiz determinar de ofício ou a requerimento do Ministério Público, quando sua intervenção ocorrer como fiscal da ordem jurídica.
> § 2º A sentença condenará o vencido a pagar ao vencedor as despesas que antecipou.
> [...]
> Art. 84 – As despesas abrangem as custas dos atos do processo, a indenização de viagem, a remuneração do assistente técnico e a diária de testemunha.

Ou seja, caso perca a ação, mesmo a parte que não desembolsou nenhum valor durante o processo para o pagamento de honorários periciais, deve arcar com a sucumbência, pagamento da remuneração do perito judicial e, se existir, do assistente técnico da outra parte.

Devemos ressaltar que a remuneração do perito judicial não deve ser acertada diretamente pelo profissional com a parte responsável pelo pagamento, garantindo, assim, uma das formas de manutenção de sua independência profissional. Normalmente, existem duas formas aplicadas pelos juízes para o estabelecimento dos honorários do perito judicial no momento de sua nomeação.

O arbitramento do valor que o magistrado considerar suficiente para a remuneração provisória do trabalho do perito é uma delas, com determinação de depósito judicial pelo responsável antes do início da perícia. É possível também por meio da determinação, para que o perito apresente a estimativa de seus honorários provisórios para posterior análise do juiz e, muitas vezes, também das partes.

Independentemente do caso a que se aplica, sempre cabe ao juiz o ato de arbitrar, ou seja, determinar o valor da remuneração do perito judicial, seguindo sua convicção, prudência e devida análise crítica das condições e da complexidade do exame pericial e, ainda, da capacidade financeira das partes. Outra situação a ser considerada é a possibilidade de arbitramento de honorários finais ou definitivos do perito após a entrega de seu laudo pericial, em valor superior ou mesmo inferior ao dos provisórios, dependendo do eventual aumento ou da diminuição do trabalho inicialmente previsto. A alteração do rendimento salarial do perito somente pode ser realizada se comprovada a modificação da quantidade de trabalho desempenhado por ele.

Em algumas situações especiais, pode ainda o juiz determinar que a remuneração do perito seja acertada ao final do processo ou após a sentença, como ocorre em ações na Justiça do Trabalho e em ações populares, entre outras.

Honorários do perito judicial contábil

Considerando a necessidade de o perito contábil nomeado em um processo judicial apresentar um orçamento de seus honorários profissionais, deve-se observar criteriosamente a preparação da proposta a ser oferecida ao magistrado. Nesse sentido, a NBC PP 01 do CPC (reproduzida no anexo 2) detalha diversos fatores a serem considerados na estimativa de honorários periciais contábeis:

> 33. Na elaboração da proposta de honorários, o perito dever considerar os seguintes fatores: a relevância, o vulto, o risco, a complexidade, a quantidade de horas, o pessoal técnico, o prazo estabelecido e a forma de recebimento, entre outros fatores. (Conselho Federal de Contabilidade, 2015)

É importante observar que o principal ponto para análise do perito, e que garante sustentação à construção da proposta para fixação do valor de sua remuneração, é representado pelas horas estimadas para o desenvolvimento de cada uma das fases de trabalho pericial.

O perito contábil judicial realiza um trabalho técnico e deve ser remunerado condignamente; no entanto, a justificativa desse pagamento deve possuir embasamento no tempo previsto para aplicação no desenvolvimento da perícia. Além disso, o item 34 da mesma norma detalha a descrição das etapas de trabalho que costumam ser enfrentadas pelos peritos:

> 34. O perito deve elaborar a proposta de honorários estimando, quando possível, o número de horas para a realização do trabalho, por etapa e por qualificação dos profissionais, considerando os trabalhos a seguir especificados:
> (a) retirada e entrega do processo ou procedimento arbitral;
> (b) leitura e interpretação do processo;
> (c) elaboração de termos de diligências para arrecadação de provas e comunicações às partes, terceiros e peritos-assistentes;
> (d) realização de diligências;
> (e) pesquisa documental e exame de livros contábeis, fiscais e societários;
> (f) elaboração de planilhas de cálculo, quadros, gráficos, simulações e análises de resultados;
> (g) elaboração do laudo;
> (h) reuniões com peritos-assistentes, quando for o caso;
> (i) revisão final;
> (j) despesas com viagens, hospedagens, transporte, alimentação, etc.;
> (k) outros trabalhos com despesas supervenientes. (Conselho Federal de Contabilidade, 2015)

Portanto, a apresentação da proposta de honorários periciais deve ter fundamentação técnica e basear-se em estimativa detalhada e justificada de horas para cada uma das etapas de trabalho previstas.

Também é necessário recordar que a comunicação feita ao juiz pelo perito judicial nomeado é sempre um ato formal, razão pela qual deve ocorrer mediante petição. O modelo de petição aplicável para a proposta de honorários periciais provisórios pode ser observado na NBC PP 01 do CPC, conforme o Modelo nº 7. O pedido de levantamento de honorários periciais, ou pedido de liberação e pagamento da remuneração pericial, deve seguir o mesmo procedimento, como indicado nos Modelos nºs 8 e 9 da norma técnica. Devemos ressaltar que os modelos identificados na NBC PP 01 indicam dispositivos legais constantes do CPC/73, sendo adequado atualizar as referências para o Novo CPC.

Mas existem algumas situações em que os honorários periciais, ou parte deles, não são quitados no processo judicial, como na determinação de pagamento ao final do processo ou ainda do arbitramento de honorários complementares ou definitivos após a entrega do laudo. Nessas situações, se não forem quitados os valores devidos, cabe ao perito judicial nomeado requerer ao juiz a expedição de certidão para conseguinte execução judicial do valor não pago.

Honorários do assistente técnico contábil

O assistente técnico deve observar os mesmos critérios técnicos e cuidados do perito judicial na preparação de sua estimativa de honorários profissionais. Mas a condição especial de seu pagamento indica a necessidade do estabelecimento da contratação formal de seus serviços. A NBC PP 01 auxilia esse procedimento com a indicação em seu Modelo nº 10 do projeto básico para o contrato particular de prestação de serviços profissionais de perito-contador assistente.

A adoção da contratação formal assegura ao assistente técnico o estabelecimento dos critérios e das condições em que deverão ser desenvolvidos seus trabalhos e ainda o valor e a forma de recebimento de sua remuneração.

Resumo do capítulo

Os honorários do perito judicial são arbitrados pelo juiz, podendo ser estimados pelo perito judicial. A proposta de honorários do perito deve ser apresentada por meio de petição. A remuneração do assistente técnico é paga pela parte que o contratou para atuar no processo. O assistente técnico deve estabelecer as condições de seu trabalho e a remuneração profissional mediante assinatura de contrato de prestação de serviços.

Termos-chave

remuneração do assistente técnico; remuneração do perito judicial; honorários periciais; honorários provisórios; honorários definitivos.

Questionário para revisão

1. Quem é o responsável pelo pagamento dos honorários do perito judicial?
2. Quem é o responsável pelo pagamento dos honorários do assistente técnico?
3. O que são os honorários periciais provisórios?
4. O que são os honorários periciais definitivos?
5. Que fatores devem ser considerados na estimativa dos honorários periciais?

7
Termo de diligência em perícia judicial contábil

Após a leitura deste capítulo, você poderá:

- entender as principais características e condições do termo de diligência;
- identificar os documentos necessários para a realização de uma perícia judicial contábil;
- elaborar o termo de diligência em perícia judicial contábil.

Pedido de documentos em perícia judicial

O artigo 473 do Novo CPC define, entre outros aspectos, a possibilidade de solicitação de documentos durante a realização de uma perícia judicial. Assim, vejamos:

> § 3º Para o desempenho de sua função, o perito e os assistentes técnicos podem valer-se de todos os meios necessários, ouvindo testemunhas, obtendo informações, solicitando documentos que estejam em poder da parte, de terceiros ou em repartições públicas, bem como instruir o laudo com planilhas, mapas, plantas, desenhos, fotografias ou outros elementos necessários ao esclarecimento do objeto da perícia.

Lembramos que essa mesma condição já existia no artigo 429 do CPC/73.

Mas, inicialmente, é preciso identificar o objeto de análise e determinar o objetivo do trabalho técnico. Além disso, a realização de diligências na busca de novos documentos é indispensável apenas se as informações disponíveis nos autos do processo não forem suficientes para a conclusão dos trabalhos periciais. Somente após essa análise é possível confirmar a necessidade ou não de novos documentos para o desenvolvimento completo da perícia.

Analisados os dados existentes e verificada a necessidade de novas informações, cabe ao perito solicitar os documentos que possam estar em poder de uma das partes envolvidas no processo ou ainda com qualquer outra pessoa ou instituição que tenha a guarda de referidas informações.

Dessa forma, a obtenção de provas para o trabalho pericial pode ser apoiada na investigação de fatos, muitas vezes realizada fora dos autos do processo. Esse procedimento de trabalho pode ajudar o perito na tarefa de solucionar dúvidas sobre informações ou documentos existentes nos autos e também na obtenção de outros dados não disponíveis neles.

É relevante observar que muitas informações úteis para o desenvolvimento da perícia podem estar disponíveis para consulta do perito na rede mundial de computadores, bem como em outros meios de busca física de informações, indicando nessas situações a importância de o profissional atuante em perícia realizar as pesquisas necessárias para seus estudos técnicos.

Termo de diligência em perícia contábil

Conceito e aplicabilidade

A formalização do pedido de documentos em perícia judicial é conhecida como termo de diligência. A Resolução NBC TP 01 do CFC (2015) define tal termo como o "instrumento por meio do qual o perito solicita documentos, coisas, dados e informações necessárias à elaboração do laudo pericial contábil e do parecer técnico-contábil", em seu item 41.

A norma técnica referida define ainda, em seus itens 43 e 44, que o encaminhamento do pedido formal de documentos deve ser feito pelo perito diretamente ao diligenciado, ou seja, à pessoa que tenha a posse dos documentos solicitados, por meio de instrumento escrito cuja efetiva entrega possa ser comprovada.

Estrutura e forma de apresentação

Segundo definição da norma técnica em estudo, em seu item 46, o termo de diligência deve apresentar os seguintes elementos:

(a) identificação do diligenciado;
(b) identificação das partes ou dos interessados, e, em se tratando de perícia judicial ou arbitral, o número do processo ou o procedimento, o tipo e o juízo em que tramita;
(c) identificação do perito com indicação do número do registro profissional no Conselho Regional de Contabilidade;
(d) indicação de que está sendo elaborado nos termos desta Norma;
(e) indicação detalhada dos documentos, coisas, dados e informações, consignando as datas e/ou períodos abrangidos, podendo identificar o quesito a que se refere;
(f) indicação do prazo e do local para a exibição dos documentos, coisas, dados e informações necessários à elaboração do laudo pericial contábil ou parecer técnico-contábil, devendo o prazo ser compatível com aquele concedido pelo juízo, contratante ou convencionado pelas partes, considerada a quantidade de documentos, as informações necessárias, a estrutura organizacional do diligenciado e o local de guarda dos documentos;
(g) a indicação da data e hora para sua efetivação, após atendidos os requisitos da alínea (e), quando o exame dos livros, documentos, coisas e

elementos tiver de ser realizado perante a parte ou ao terceiro que detém em seu poder tais provas;
(h) local, data e assinatura. (Conselho Federal de Contabilidade, 2009)

Os cuidados com a formalização do termo de diligência são justificados em função da necessidade de clareza, objetividade e, principalmente, por se tratar de trabalho especializado e que merece aplicação de critérios técnicos pelo perito em todas as fases de sua atuação.

O perito não pode deixar dúvidas sobre qual(is) documento(s) necessita para a construção de seu laudo; portanto, o detalhamento minucioso do que está sendo pedido no termo de diligência é fundamental, bem como a definição objetiva da forma em que deverá ser disponibilizado, do prazo para apresentação e do local para a exibição.

É preciso lembrar que, se o perito encontrar qualquer dificuldade na obtenção de documentos solicitados em termo de diligência ou ocorrer negativa por parte do diligenciado na entrega, deve comunicar a situação enfrentada ao juiz responsável pelo processo. Dessa forma, o magistrado pode tomar as medidas que entender cabíveis para a viabilização do trabalho pericial, isentando o perito de qualquer responsabilidade pela omissão na realização de seu trabalho.

Modelo

O modelo de termo de diligência aplicável em perícia contábil judicial pode ser observado na NBC TP 01, conforme Modelo nº 1. Existem, ainda, os modelos nºs 2 e 3 que representam os termos de diligência aplicáveis, respectivamente, para perícia contábil extrajudicial e arbitral.

Resumo do capítulo

O perito judicial deve identificar os dados necessários para a realização de seu trabalho e encaminhar o termo de diligência ao diligenciado. Tal documento deve ser feito por escrito e entregue diretamente a quem tem a posse dos documentos solicitados.

Termos-chave

termo de diligência; diligenciado; relação de documentos.

Questionário para revisão

1. O que é o termo de diligência em uma perícia judicial?
2. Quem é o diligenciado em um termo de diligência?
3. O que deve conter o termo de diligência?
4. Qual deve ser o procedimento adotado pelo perito, caso o diligenciado se negue a apresentar as informações solicitadas por meio do termo de diligência?

8
Laudo pericial contábil

Após a leitura deste capítulo, você poderá:

- entender o que é o laudo pericial contábil;
- identificar as características e as condições de apresentação do laudo pericial contábil;
- elaborar um laudo pericial contábil em processo judicial.

O laudo pericial consiste na formalização do trabalho desenvolvido pelo perito judicial e deve conter a apresentação escrita das análises técnicas de questões levantadas e que são objeto da perícia, bem como as conclusões técnicas que devem auxiliar o juiz na formação de sua convicção, no esclarecimento de dúvidas ou para outros fins.

O perito judicial deve observar, com critério técnico, todas as condições do exame a ser realizado a fim de dirimir qualquer tipo de dúvida acerca das conclusões alcançadas pela perícia, a serem apresentadas no resultado do seu trabalho, ou seja, na leitura do laudo.

Para tanto, a perícia deve definir o objeto e estabelecer o objetivo de seu trabalho, identificar os dados necessários a seu desenvolvimento, verificar a necessidade ou não de novas informações, que podem ser obtidas por meio de pesquisas e/ou diligências, confirmar as informações analisadas, confrontar os dados disponibilizados, entre outros atos, todos realizados de forma técnica e imparcial.

A apresentação do laudo deve atender a algumas condições dispostas pelo Novo CPC, sendo a principal delas o prazo fixado pelo juiz, conforme estabelece o artigo 465. Verificamos que no ato de nomeação do perito judicial já é definido também o prazo máximo no qual deve ser realizado o trabalho e entregue seu resultado formal. Dessa maneira, o perito nomeado deve aplicar todo empenho na realização do trabalho a fim de atender ao prazo estipulado pelo magistrado.

Contudo, esse prazo pode ser prorrogado – conforme determina o artigo 476 do Novo CPC – a pedido do profissional: "Se o perito, por motivo justificado, não puder apresentar o laudo dentro do prazo, o juiz poderá conceder-lhe, por uma vez, prorrogação pela metade do prazo originalmente fixado."

Cabe ainda esclarecer que muitas vezes o juiz pode estabelecer mais de uma dilação de prazo para a realização da perícia e entrega do laudo, desde que exista justificativa devidamente fundamentada para tanto, como excesso de dados e informações para análise da perícia ou ainda dificuldade na obtenção de documentos necessários ao seu desenvolvimento completo. No entanto, a possibilidade do pedido de prorrogação de prazo não pode ser utilizada sem critério pelo perito, o que prejudicaria imediatamente todos os posteriores atos do processo.

Além disso, como apontado no Novo CPC, existe uma situação em que o prazo para a entrega do laudo fica restrito, impossibilitando a ampliação do tempo para sua elaboração: "Art. 477 – O perito protocolará o laudo em juízo, no prazo fixado pelo juiz, pelo menos 20 (vinte) dias antes da audiência de instrução e julgamento". Então, se ocorrer o agendamento de audiência de instrução e julgamento, o perito não pode ultrapassar o limite máximo de 20 dias antes da sessão para a entrega formal do resultado de seu trabalho, expresso em laudo.

Ainda sobre as condições para a elaboração do laudo pericial pelo perito, é importante observar o conteúdo completo do dispositivo inovador apresentado no Novo CPC, pelo qual identificamos o apontamento dos elementos necessários para a construção do relatório pericial:

> Art. 473 – O laudo pericial deverá conter:
> I – a exposição do objeto da perícia;
> II – a análise técnica ou científica realizada pelo perito;
> III – a indicação do método utilizado, esclarecendo-o e demonstrando ser predominantemente aceito pelos especialistas da área do conhecimento da qual se originou;
> IV – resposta conclusiva a todos os quesitos apresentados pelo juiz, pelas partes e pelo órgão do Ministério Público.
> § 1º No laudo, o perito deve apresentar sua fundamentação em linguagem simples e com coerência lógica, indicando como alcançou suas conclusões.
> § 2º É vedado ao perito ultrapassar os limites de sua designação, bem como emitir opiniões pessoais que excedam o exame técnico ou científico do objeto da perícia.
> § 3º Para o desempenho de sua função, o perito e os assistentes técnicos podem valer-se de todos os meios necessários, ouvindo testemunhas, obtendo informações, solicitando documentos que estejam em poder da parte, de terceiros ou em repartições públicas, bem como instruir o laudo com planilhas, mapas, plantas, desenhos, fotografias ou outros elementos necessários ao esclarecimento do objeto da perícia.

Sobre essas condições identificadas no Novo CPC, vejamos o que descreve Mello (2016, p. 123):

> [...]
> Na nova legislação, fica clara a preocupação com a qualidade e o detalhamento técnico do laudo pericial, apontando a necessidade de desenvolver o trabalho por completo, organizado e devidamente fundamentado.
> Cabe ao perito construir um laudo que contenha a descrição do objeto de seu trabalho, com análise técnico-científica, indicação de metodologia utilizada e apresentação de respostas conclusivas aos eventuais quesitos formulados. Além disso, a nova condição legal ressalta que a linguagem do laudo deve ser acessível ao público destinatário final da perícia.
> Finalmente, ainda no art. 473 do Novo CPC, está ressaltada a postura técnica que deve ser adotada pelo perito, não podendo ultrapassar os limites de sua função profissional no processo judicial.

Laudo pericial contábil

O laudo pericial contábil pode atender a diferentes necessidades, o que justifica a numerosa variedade de características de formatação.

Muitas vezes, a perícia é deferida após a prolação da sentença e seu objetivo é a realização de conta de liquidação. Nesses casos, como normalmente ocorre na Justiça do Trabalho, a dimensão da perícia é extremamente restrita e o resultado do laudo não indica a necessidade de grandes ou extensos detalhamentos técnicos, mas implica significativo desenvolvimento de planilhas ou demonstrativos de cálculo.

Em outras situações, o laudo é realizado ao longo da apreciação das provas, considerando a necessidade de esclarecimento de dúvidas sobre aspectos técnicos em discussão nos autos. Portanto, para esses casos, podem-se encontrar pareceres técnicos já apresentados nos autos para análise, quesitos formulados, pontos controvertidos fixados pelo juízo, entre outros tópicos que devem ser analisados pela perícia e tornam mais complexa a estrutura de apresentação do laudo.

Seja qual for a situação encontrada pelo perito, deve ser respeitado o objetivo do trabalho e elaborado um laudo que atenda às necessidades de entendimento do público-alvo do instrumento, ou seja, o trabalho formalizado deve ser completo e criterioso para ser analisado e entendido pelo juiz, pelas partes e pelos eventuais assistentes técnicos designados.

A NBC TP 01 do CFC conceitua o laudo pericial contábil:

> 47. O Decreto-Lei nº 9.295/46, na alínea "c" do art. 25, determina que o laudo pericial contábil e o parecer técnico-contábil somente sejam elaborados por contador ou pessoa jurídica, se a lei assim permitir, que estejam devidamente registrados e habilitados em Conselho Regional de Contabilidade. A habilitação é comprovada mediante Certidão de Regularidade Profissional emitida pelos Conselhos Regionais de Contabilidade.
> 48. O laudo pericial contábil e o parecer técnico-contábil são documentos escritos, nos quais os peritos devem registrar, de forma abrangente, o conteúdo da perícia e particularizar os aspectos e as minudências que envolvam o seu objeto e as buscas de elementos de prova necessários para a conclusão do seu trabalho.
> 49. Os peritos devem consignar, no final do laudo pericial contábil ou do parecer técnico-contábil, de forma clara e precisa, as suas conclusões. (Conselho Federal de Contabilidade, 2015)

Outros itens da norma técnica estudada orientam quanto à elaboração e à forma de apresentação do laudo, destacando a necessidade de utilização de uma linguagem clara e acessível aos interlocutores, objetivando seu completo entendimento. Mas, em especial, o item 65 da norma indica os principais tópicos de composição do laudo pericial contábil, relacionando a sequência de etapas do trabalho pericial. Portanto, o laudo pericial contábil completo deve possuir:

- **Abertura**: parágrafo introdutório, com declaração do perito acerca da apresentação formal do laudo.
- **Introdução**: considerações iniciais ou histórico, parte destinada ao detalhamento das questões em discussão nos autos, indicação de decisões e/ou sentenças, nomeação do perito, entre outros.
- **Desenvolvimento**: progresso do trabalho pericial, apresentação de detalhamento técnico do trabalho da perícia: objeto, objetivo, metodologia, pesquisas, diligências, ressalvas, entre outros.
- **Quesitos e respostas**: transcrição dos quesitos formulados pelo juiz e pelas partes, com a apresentação de respostas fundamentadas.
- **Conclusão técnica**: considerações técnicas finais, como a síntese das análises técnicas periciais ou apontamento de resultados e valores.
- **Encerramento**: fechamento do trabalho, com o detalhamento da quantidade de páginas existentes, relação de anexos e documentos,

local, data e assinatura do perito, constando indicação de número de registro profissional (CRC).

- **Apêndices**: demonstrativos de cálculo, planilhas e gráficos desenvolvidos pelo perito.
- **Anexos**: documentação obtida pelo perito durante a realização de pesquisas e diligências.

Inicialmente, na *abertura*, o laudo deve conter, sempre, na parte superior da primeira página, a indicação do destinatário, por exemplo: "Excelentíssimo Senhor Doutor Juiz de Direito da 1ª Vara Cível da Comarca...". Além disso, devem ainda constar da primeira página os dados de identificação burocrática do processo (número do processo, procedimento ordenatório, autor e réu) e, finalmente, a apresentação de parágrafo introdutório, caracterizado pela declaração formal de entrega do laudo.

Na *introdução*, o perito pode detalhar as circunstâncias observadas durante o processo e que dizem respeito à prova técnica, como: indicação do momento de nomeação do perito, eventuais pontos controvertidos fixados pelo juiz, existência ou não de quesitos formulados, descrição da existência de sentenças e/ou acórdãos, no intuito de descrever os diversos aspectos que têm impacto no objeto de análise da perícia.

Ao longo do *desenvolvimento*, podem ser apresentados os aspectos operacionais do trabalho pericial, tais como objeto do trabalho pericial, definição do(s) objetivo(s) da perícia, indicação detalhada das pesquisas e/ou diligências realizadas, entre outras situações enfrentadas pela perícia na realização do trabalho técnico. Os *quesitos* devem ser transcritos na ordem em que são apresentados nos autos, sempre iniciados pelos quesitos do juiz. E as respostas do perito judicial devem ser técnicas, claras, objetivas e devidamente fundamentadas.

Nas *conclusões técnicas*, devem estar claras as análises técnicas finais da perícia, podendo muitas vezes representar uma síntese de todas as considerações técnicas apresentadas durante o laudo. Em alguns casos, a conclusão consiste na indicação do resultado de um cálculo elaborado ou na resposta técnica ao ponto controvertido da ação.

Finalmente, o laudo deve conter um *encerramento* formal, constando a indicação da quantidade de páginas apresentadas, a data e o local, além da assinatura do perito judicial, seguida de seu número de registro profissional do CRC.

Os *apêndices* são constituídos por todas as demonstrações (planilhas, gráficos, etc.) cuja dimensão pode inviabilizar sua inclusão nas conclusões ou nas respostas aos quesitos. Somente devem ser juntados ao laudo *documentos* cuja análise tenha sido indicada durante o desenvolvimento.

Modelo

Apresentamos no apêndice 3 um modelo de laudo pericial contábil, indicando sua forma de caracterização.

Resumo do capítulo

O laudo pericial é a formalização do trabalho desenvolvido pelo perito judicial, que deve atender ao prazo de entrega estabelecido pelo juiz. Tal prazo pode ser prorrogado em situações justificadas.

Termos-chave

laudo; prazo para entrega do laudo; laudo pericial contábil.

Questionário para revisão

1. O que é o laudo pericial?
2. Quem é o responsável pela elaboração do laudo?
3. Qual é o prazo para a entrega do laudo?
4. O que deve conter no laudo pericial?

9 Parecer técnico-contábil após o laudo

Após a leitura deste capítulo, você poderá:

- entender o que é o parecer técnico entregue após o laudo pericial;
- identificar as características e as condições de apresentação do parecer técnico crítico ao laudo;
- elaborar um parecer técnico em processo judicial.

Após a entrega do laudo pericial, podem ser apresentados pareceres técnicos críticos ao laudo, representando as manifestações dos assistentes técnicos contratados pelas partes litigantes em um processo judicial.

O parecer técnico deve conter todas as análises desenvolvidas pelo assistente técnico com base no trabalho do perito judicial; ou seja, o objeto específico de análise do parecer é o laudo, considerando seus aspectos positivos ou negativos na óptica parcial do assistente técnico.

Ressaltamos que o assistente técnico deve acompanhar o trabalho desenvolvido pelo perito judicial, a fim de ter conhecimento de todo o procedimento de perícia e não ser surpreendido com possíveis conclusões do laudo pericial. Por essa razão, cabe ao assistente técnico estabelecer contato com o perito judicial antes do início de seu trabalho, oferecendo auxílio técnico na busca de dados, pesquisas e desenvolvimento de atividades, cálculos, preparação de anexos, organização de informações, entre outros.

Conforme definido pelo Novo CPC, em condição muito semelhante ao que estava definido no artigo 421 do CPC/73 é facultado às partes que indiquem seus assistentes técnicos no momento da nomeação do perito. Portanto, já existe, desde o início das atividades periciais, a condição para que os profissionais atuantes mantenham contato entre si, no intuito de desenvolver com qualidade seus trabalhos:

> Art. 465 – O juiz nomeará perito especializado no objeto da perícia e fixará de imediato o prazo para a entrega do laudo.
> § 1º Incumbe às partes, dentro de 15 (quinze) dias contados da intimação do despacho de nomeação do perito:
> [...]
> II – indicar assistente técnico; [...]

Essa necessidade de contato e acompanhamento da perícia é ressaltada ainda pelo curto prazo de que o assistente técnico dispõe para elaborar seu parecer técnico. Vejamos o *quantum* definido pelo Novo CPC em seu § 1º do artigo 477:

> § 1º As partes serão intimadas para, querendo, manifestar-se sobre o laudo do perito do juízo no prazo comum de 15 (quinze) dias, podendo o assistente técnico de cada uma das partes, em igual prazo, apresentar seu respectivo parecer.

Essa condição amplia o prazo e a condição geral que estava identificada no artigo 433 do CPC/73.

Merece destaque especial o dispositivo inovador constante do Novo CPC, identificado no artigo 466, que indica objetivamente a necessidade de contato profissional entre o assistente técnico e o perito, como segue:

> Art. 466 – O perito cumprirá escrupulosamente o encargo que lhe foi cometido, independentemente de termo de compromisso.
> [...]
> § 2º O perito deve assegurar aos assistentes das partes o acesso e o acompanhamento das diligências e dos exames que realizar, com prévia comunicação, comprovada nos autos, com antecedência mínima de 5 (cinco) dias.

A limitação do tempo gera um problema, pois o prazo para o oferecimento dos pareceres técnicos é comum, o que inviabiliza a possibilidade de retirada em carga dos autos e, também, do laudo para análise mais aprofundada por parte do assistente técnico. Sendo o prazo comum, o assistente técnico deve comparecer ao fórum para ler o laudo e realizar anotações dos principais aspectos para posterior feitura do parecer.

No entanto, essa situação pode ser amenizada se o perito judicial auxiliar o trabalho do assistente técnico oferecendo-lhe cópia do laudo pericial após o protocolo do mesmo para juntada aos autos do processo judicial.

Parecer técnico-contábil crítico ao laudo pericial contábil

Da mesma forma que o laudo pericial contábil, estudado no capítulo anterior, o parecer técnico-contábil deve ser elaborado considerando a necessidade de atendimento em diversas situações. Mas não podemos esquecer que esse parecer tem como foco a análise criteriosa e crítica do trabalho desenvolvido pelo perito.

Logo, o parecer técnico-contábil pode ser favorável ao laudo pericial contábil, ou seja, concordar com o trabalho desenvolvido pelo perito judicial e fazer então seus comentários convergentes com o laudo. De outra forma, também pode ser desfavorável ao laudo pericial contábil, ou seja, discordar do trabalho desenvolvido pelo perito judicial e fazer então seus comentários divergentes do laudo.

Novamente, em paralelo ao que foi mostrado no capítulo anterior, e considerando que o parecer técnico-contábil busca detalhar com critério técnico suas críticas ao laudo, ele deve ser apresentado com a seguinte estrutura:

- **Abertura**: parágrafo introdutório com declaração do assistente técnico acerca da apresentação formal do parecer técnico.
- **Considerações iniciais sobre o laudo pericial contábil**: parte destinada às críticas em relação ao que foi detalhado inicialmente pelo perito e ainda se o laudo deixou de abordar aspectos relevantes do processo.
- **Comentários sobre o desenvolvimento do trabalho pericial**: apresentação de considerações técnicas convergentes ou divergentes dos procedimentos de trabalho do perito, como metodologia, pesquisas e diligências.
- **Comentários sobre os quesitos e as respostas**: transcrição dos quesitos formulados pelo juiz e pelas partes, com as respostas do perito e a apresentação de comentários críticos, convergentes ou divergentes, devidamente fundamentados e justificados pelo assistente técnico.
- **Conclusão técnica**: considerações técnicas finais do parecer, ou apontamento da conclusão técnica do parecer, favorável ou desfavorável ao laudo, devidamente justificado pelo assistente.
- **Encerramento**: fechamento do trabalho com o detalhamento da quantidade de páginas existentes, a relação de anexos e documentos, o local, a data e a assinatura do assistente, seguida do número de registro profissional (CRC).
- **Anexos**: demonstrativos de cálculo, planilhas e gráficos desenvolvidos pelo assistente.

Assim como o laudo, o parecer técnico também deve conter, na parte superior da primeira página, a indicação do destinatário, por exemplo:

"Excelentíssimo Senhor Doutor Juiz de Direito da 1ª Vara Cível da Comarca...". Além disso, devem constar da primeira página os dados de identificação burocrática do processo (número do processo, procedimento ordenatório, autor e réu) e, finalmente, o parágrafo introdutório, caracterizando a formalização de entrega do parecer, podendo ainda constar a indicação declarada de parecer técnico convergente ou parecer técnico divergente.

Independentemente da situação enfrentada, o assistente técnico, contratado por uma das partes litigantes em um processo, deve buscar a convergência técnica com o argumento sustentado por seu contratante, demonstrando tecnicamente, inclusive, os acertos e/ou erros do laudo. As críticas indicadas no parecer técnico, em relação ao laudo apresentado, podem apontar diversos aspectos, como:

- **forma**: conferência de dados do processo, sequência lógica e apresentação do laudo, numeração de páginas e tópicos, entre outros;
- **técnica**: adequação ou não de conhecimento técnico aplicado no laudo;
- **aspectos jurídicos**: eventuais análises que excedem a área de conhecimento técnico da perícia e interpretação de matéria jurídica;
- **excessos**: análises que ultrapassam o objeto da perícia;
- **omissões**: ausência de análise das questões objeto da perícia;
- **erros ou equívocos**: inovações artificiais, cálculos incorretos, etc.;
- **deveres e direitos funcionais**.

Modelo

Apresentamos, no apêndice 4, um modelo de parecer técnico-contábil, indicando sua forma de caracterização.

Resumo do capítulo

O parecer técnico realizado após a entrega do laudo consiste na formalização do trabalho desenvolvido pelo assistente técnico, convergente ou divergente do trabalho do perito judicial. O assistente técnico deve entregar o parecer no prazo comum de quinze dias após a intimação das partes sobre a apresentação do laudo.

Termos-chave

parecer; prazo para entrega do parecer; parecer pericial contábil.

Questionário para revisão

1. O que é o parecer técnico realizado após o laudo?
2. Quem é o responsável pela elaboração do parecer técnico?
3. Qual é o prazo para a entrega do parecer após o laudo?
4. O que deve conter no parecer técnico após o laudo?

10
Esclarecimentos periciais

Após a leitura deste capítulo, você poderá:

- entender as situações em que pode ocorrer o pedido de esclarecimentos em perícia judicial;
- identificar as formas de apresentação dos esclarecimentos da perícia;
- discernir quesitos para esclarecimento de quesitos suplementares.

O perito judicial deve apresentar trabalho técnico adequado e compreensível aos destinatários finais do laudo, como o juiz, as partes e ainda os eventuais assistentes técnicos. Mas, se existir qualquer dúvida sobre as análises periciais identificadas no laudo apresentado, o *expert* nomeado deve prestar os devidos esclarecimentos técnicos sobre os pontos levantados. Essa situação está definida no Novo CPC, com elementos que ampliam as condições anteriores encontradas no CPC/73. Vejamos o dispositivo identificado completo da nova legislação, onde encontramos os aspectos sobre esclarecimentos periciais:

> Art. 477 – O perito protocolará o laudo em juízo, no prazo fixado pelo juiz, pelo menos 20 (vinte) dias antes da audiência de instrução e julgamento.
> § 1º As partes serão intimadas para, querendo, manifestar-se sobre o laudo do perito do juízo no prazo comum de 15 (quinze) dias, podendo o assistente técnico de cada uma das partes, em igual prazo, apresentar seu respectivo parecer.
> § 2º O perito do juízo tem o dever de, no prazo de 15 (quinze) dias, esclarecer ponto:
> I – sobre o qual exista divergência ou dúvida de qualquer das partes, do juiz ou do órgão do Ministério Público;
> II – divergente apresentado no parecer do assistente técnico da parte.
> § 3º Se ainda houver necessidade de esclarecimentos, a parte requererá ao juiz que mande intimar o perito ou o assistente técnico a comparecer à audiência de instrução e julgamento, formulando, desde logo, as perguntas, sob forma de quesitos.
> § 4º O perito ou o assistente técnico será intimado por meio eletrônico, com pelo menos 10 (dez) dias de antecedência da audiência.

A nova legislação descreve o esclarecimento como um procedimento que pode ser realizado de forma escrita e ainda, se houver necessidade, em audiência marcada para tanto, mas nem sempre essa situação ocorre exatamente dessa forma. Muitas vezes os juízes determinam, com prazos estipulados, as apresentações de esclarecimentos periciais por escrito, deixando de agendar a audiência especial para oitiva do perito, o que já ultrapassava inclusive a situação do artigo 435 do CPC/73, que indicava apenas a situação da audiência de esclarecimentos, mas a prática adotada já era a substituição desse evento pelos esclarecimentos por escrito.

Os esclarecimentos periciais também estão descritos na NBC TP 01 do CFC, constando inclusive a descrição das possibilidades de esclarecimento por escrito e entrega durante a audiência designada ou dentro do prazo determinado pelo juiz. Assim, vejamos:

> 63. Esclarecimentos: havendo determinação de esclarecimentos do laudo ou do parecer sem a realização de audiência, o perito deve fazer, por escrito, observando em suas respostas os mesmos procedimentos adotados quando da feitura do esclarecimento em audiência, no que for aplicável.
> [...]
> 68. Esclarecimentos são informações prestadas pelo perito aos pedidos de esclarecimento sobre laudo e parecer, determinados pelas autoridades competentes, por motivos de obscuridade, incompletudes, contradições ou omissões. Os esclarecimentos podem ser prestados de duas maneiras:
> (a) de forma escrita: os pedidos de esclarecimentos deferidos e apresentados ao perito, no prazo legal, devem ser prestados por escrito;
> (b) de forma oral: os pedidos de esclarecimentos deferidos e apresentados, no prazo legal, ao perito para serem prestados em audiência podem ser de forma oral ou escrita. (Conselho Federal de Contabilidade, 2015)

Dessa maneira, com base no que dispõem a legislação, as normas e, ainda, as formas alternativas que os juízes podem utilizar para determinar a apresentação de esclarecimentos periciais, podemos identificar as seguintes situações possíveis:

- Esclarecimento em audiência, com a obrigação de esclarecimento oral dos quesitos formulados para tanto, desde que o perito e/ou os assistentes técnicos tenham sido intimados até dez dias antes da audiência.
- Esclarecimento em audiência, com a obrigação de esclarecimento por escrito dos quesitos formulados para tanto, desde que o perito e/ou os assistentes técnicos tenham sido intimados em até dez dias antes da audiência;
- Esclarecimento por escrito dos quesitos formulados para tanto, com o estabelecimento de prazo para entrega por meio de protocolo.

Diversas podem ser as situações geradoras de questionamentos sobre o laudo pericial, como falta de fundamentação técnica nas respostas apresentadas aos quesitos formulados durante a realização da perícia; respostas curtas e simples, como "sim" ou "não", deixando de indicar as devidas justificativas; respostas excessivamente longas, que podem gerar confusão em seu entendimento; contradição entre respostas e análises realizadas durante o laudo; entre outros.

Independentemente da forma como os pedidos de esclarecimentos periciais são apresentados, é necessário empenho do profissional para dirimir todas as dúvidas levantadas, possibilitando, então, a compreensão completa do trabalho técnico realizado.

Devemos salientar, ainda, que o esclarecimento pericial consiste na explicação técnica de eventuais situações obscuras do laudo pericial, conforme o objeto de análises da perícia. Assim, não é esse o momento para a apresentação de quesitos suplementares ou complementares, pois tais questionamentos devem ocorrer durante a realização do trabalho pericial, ou seja, durante as diligências periciais, e não após a conclusão de tal trabalho. Sobre esses aspectos, a norma técnica identificada também pela NBC TP 01 orienta:

> 69. O perito deve observar as perguntas efetuadas pelo juízo e/ou pelas partes, no momento próprio dos esclarecimentos, pois tal ato se limita às respostas a quesitos integrantes do laudo ou do parecer e às explicações sobre o conteúdo da lide ou sobre a conclusão. (Conselho Federal de Contabilidade, 2015)

Finalmente, Ornelas recorda que algumas manifestações apresentadas sobre o laudo e consequentes pedidos de esclarecimentos periciais podem ultrapassar o aspecto técnico e constituir ofensa pessoal ao perito:

> Lamentavelmente, nem sempre os pareceres dos assistentes técnicos e as petições das partes de apreciação do laudo oferecido pelo perito ficam na análise técnica. Partem para ofensas pessoais, utilizando expressões injuriosas contra o perito.
>
> Em hipótese alguma, pode o perito calar, permanecer silente. Não pode permitir que seja ofendida sua dignidade.
>
> Na petição ou laudo de esclarecimento, como ponto preliminar, deve requerer ao magistrado, nos termos do art. 15, CPC, sejam riscadas todas as palavras e expressões injuriosas a sua pessoa. (Ornelas, 2011, pp. 72-73)

Resumo do capítulo

Os esclarecimentos periciais consistem nas respostas apresentadas aos quesitos formulados com base nas dúvidas levantadas pelas partes sobre o laudo pericial. Podem ocorrer esclarecimentos em audiência ou, ainda, por escrito.

Termos-chave

esclarecimentos; audiência de esclarecimento; quesitos para esclarecimento; esclarecimento por escrito.

Questionário para revisão

1. Em que situações pode ser determinado o esclarecimento pericial?
2. O que são os quesitos para esclarecimento?
3. De que formas podem ser apresentados os esclarecimentos periciais?

Apêndices

Apêndice 1

Modelo de pedido de habilitação para a função de perito judicial

EXCELENTÍSSIMO(A) SENHOR(A) DOUTOR(A) JUIZ(A) DE DIREITO DA ____ª VARA __________ DA COMARCA DE ______________

REFERENTE: PRONTUÁRIO DE HABILITAÇÃO DE PERITO JUDICIAL

______________, contador, inscrito no respectivo órgão de classe competente, sob nº CRC ______________, vem respeitosamente à presença de Vossa Excelência apresentar os seguintes documentos anexos, requerendo a habilitação para a função de perito judicial junto a esta Vara:

1. ______________ (detalhamento de documentos e certidões apresentadas, como *curriculum vitae*, certidão de regularidade do CRC, certidões negativas da Justiça Cível e Criminal, cópia de documento de registro profissional, cópias de diplomas e demais cursos, etc.).
2. ______________
3. ______________

Coloca-se à disposição de Vossa Excelência para quaisquer esclarecimentos que se façam necessários.

Termos em que,
Pede e espera deferimento
______________, ____ de __________ de __________.

____

Perito judicial
CRC ______________

Apêndice 2

Modelo de parecer técnico (acompanha inicial ou contestação)

_______________, ____ de __________ de __________
(Indicação de localidade de origem e data de envio.)

EXMO. SR. ____________________________
(Obs.: indicação de nome do destinatário, endereço e localidade de destino.)

Rua ____________________________, ______
______________________ – ______

REFERENTE: parecer técnico sobre ____________________________
(Obs.: indicação do objeto de análise do parecer técnico – exemplo: parecer técnico sobre a existência de juros compostos e excessivos em contrato de financiamento.)

Prezado Senhor:

Sirvo-me da presente para encaminhar a Vossa Senhoria o Parecer técnico ____
(Obs.: detalhamento de dados referentes ao objeto de análise do parecer técnico. Exemplo: número de contrato, data de assinatura, legislação aplicável, entre outros.)

Parecer técnico

1. Teses pleiteadas

(Apresentação detalhada das teses e dos argumentos técnicos necessários ao desenvolvimento do trabalho, considerando a necessidade do contratante e a equivalência com a argumentação apresentada na inicial pelo autor ou na contestação pelo réu, no caso o contratante do assistente técnico.)

2. Metodologia e fundamentação técnica

(Apresentação detalhada dos cálculos, apuração de valores, avaliação, entre outros, bem como indicação de referências e demonstração técnica.)

3. Conclusões

(Apresentação das considerações finais e indicação de resultados.)

4. Encerramento

(Encerramento formal do trabalho, com assinatura do profissional, indicação do número de registro profissional, quantidade de páginas do parecer, quantidade de anexos, quantidade de documentos, entre outros dados.)

5. Anexos e documentos

(Relação de planilhas, demonstrativos de cálculo, documentos, índices, entre outros.)

Apêndice 3

Modelo de laudo pericial contábil

EXCELENTÍSSIMO(A) SENHOR(A) DOUTOR(A) JUIZ(A) DE DIREITO DA ____ª VARA ____________ DA COMARCA DE ________________

PROCESSO: ________________
AUTOR: ________________
RÉU: ________________

________________, contador, devidamente registrado no órgão de classe competente, sob nº CRC ________________, perito judicial nomeado às fls. ____________ dos autos do processo em referência, tendo procedido aos estudos, análises e diligências que se fizeram necessárias, vem respeitosamente apresentar à consideração de Vossa Excelência o seguinte

Laudo Pericial Contábil

1. Considerações iniciais

(Detalhamento das questões em discussão nos autos, objeto e objetivo da perícia, provas produzidas, nomeação do perito, decisões, entre outros.)

2. Desenvolvimento do trabalho pericial

(Descrição dos dados e documentos analisados pela perícia, indicação da realização de pesquisas e diligências, metodologia utilizada, planilhas e demonstrativos de cálculo, entre outros.)

3. Quesitos formulados

(Relação dos quesitos formulados pelo juiz e pelas partes, com a apresentação de respostas técnicas fundamentadas.)

4. Conclusão técnica

(Apresentação das considerações técnicas finais da perícia, com apuração de valores, resultados, atualizações, entre outros.)

5. Encerramento

(Encerramento do laudo, com a indicação do número de páginas, data, assinatura, indicação do nome do perito, número de registro profissional, entre outros.)

6. Relação de anexos e documentos

(Indicação de planilhas, cálculos, livros, registros, etc. apresentados com o laudo.)

Apêndice 4

Modelo de parecer técnico-contábil após o laudo

EXCELENTÍSSIMO(A) SENHOR(A) DOUTOR(A) JUIZ(A) DE DIREITO DA ___ª VARA __________ DA COMARCA DE ______________

PROCESSO: _______________
AUTOR: __________________
RÉU: ____________________

_______________, contador, devidamente registrado no órgão de classe competente, sob nº CRC ______________, assistente técnico indicado pelo _______________ às fls. __________ dos autos do processo em referência, tendo acompanhado o desenvolvimento do trabalho pericial realizado e a formalização do laudo pericial contábil de fls. _________, vem respeitosamente apresentar à consideração de Vossa Excelência o seguinte

Parecer Técnico-Contábil

1. Considerações iniciais sobre o laudo pericial

(Detalhamento técnico crítico sobre as condições de realização da perícia: considerações sobre o objeto e objetivos da perícia, entre outros.)

2. Considerações técnicas sobre o trabalho pericial

(Detalhamento técnico crítico sobre as condições de realização da perícia: respeito aos prazos, comunicação do início da perícia, competência técnica do perito, realização de pesquisas e diligências adequadas, entre outros.)

3. Comentários sobre as respostas apresentadas pelo perito judicial aos quesitos formulados

(Apresentação das considerações técnicas críticas sobre as respostas apresentadas pelo perito aos quesitos formulados no processo, com a indicação de pontos de convergência/divergência.)

4. Conclusão

(Apresentação das considerações técnicas finais da assistência técnica, com apuração de valores, resultados, atualizações, apontando eventuais pontos de divergência/convergência em relação ao laudo, entre outros.)

5. Encerramento

(Encerramento do parecer, com a indicação do número de páginas, data, assinatura, indicação do nome do assistente técnico, número de registro profissional, entre outros.)

6. Relação de anexos e documentos

(Indicação de planilhas, cálculos, livros, registros, etc. apresentados com o parecer técnico.)

Anexos

Anexo 1

NORMA BRASILEIRA DE CONTABILIDADE – NBC TP 01, DE 27 DE FEVEREIRO DE 2015

Dá nova redação à NBC TP 01 – Perícia Contábil.

O CONSELHO FEDERAL DE CONTABILIDADE, no exercício de suas atribuições legais e regimentais e com fundamento no disposto na alínea "f" do art. 6º do Decreto-Lei nº 9.295/46, alterado pela Lei nº 12.249/10, faz saber que foi aprovada em seu Plenário a seguinte Norma Brasileira de Contabilidade (NBC):

NBC TP 01 – PERÍCIA CONTÁBIL

Sumário **Item**

Sumário	Item
Objetivo	1
Conceito	2 - 5
Execução	6 - 15
Procedimentos	16 - 29
Planejamento	30 - 40
Objetivos	31
Desenvolvimento	32 - 36
Riscos e custos	37
Equipe técnica	38
Cronograma	39 - 40
Termo de diligência	41 - 46
Estrutura	46
Laudo e parecer pericial contábil	47 - 69

Apresentação do laudo e do parecer pericial contábil 50 - 54
Terminologia 55 - 64
Estrutura 65
Assinatura em conjunto 66
Laudo e parecer de leigo ou profissional não habilitado 67
Esclarecimentos do laudo e do parecer pericial contábil em audiência 68
Quesitos e respostas 69
Modelos 70
Vigência 71

Objetivo

1. Esta Norma estabelece regras e procedimentos técnico-científicos a serem observados pelo perito, quando da realização de perícia contábil, no âmbito judicial, extrajudicial, mediante o esclarecimento dos aspectos e dos fatos do litígio por meio de exame, vistoria, indagação, investigação, arbitramento, mensuração, avaliação e certificação.

Conceito

2. A perícia contábil constitui o conjunto de procedimentos técnico-científicos destinados a levar à instância decisória elementos de prova necessários a subsidiar a justa solução do litígio ou constatação de fato, mediante laudo pericial contábil e/ou parecer técnico-contábil, em conformidade com as normas jurídicas e profissionais e com a legislação específica no que for pertinente.

3. O laudo pericial contábil e o parecer técnico-contábil têm por limite o próprio objeto da perícia deferida ou contratada.

4. A perícia contábil é de competência exclusiva de contador em situação regular perante o Conselho Regional de Contabilidade de sua jurisdição.

5. A perícia judicial é exercida sob a tutela do Poder Judiciário. A perícia extrajudicial é exercida no âmbito arbitral, estatal ou voluntária. A perícia arbitral é exercida sob o controle da lei de arbitragem. Perícias oficial e estatal são

executadas sob o controle de órgãos de Estado. Perícia voluntária é contratada, espontaneamente, pelo interessado ou de comum acordo entre as partes.

Execução

6. Ao ser intimado para dar início aos trabalhos periciais, o perito do juízo deve comunicar às partes e aos assistentes técnicos: a data e o local de início da produção da prova pericial contábil, exceto se designados pelo juízo.

> (a) Caso não haja, nos autos, dados suficientes para a localização dos assistentes técnicos, a comunicação deve ser feita aos advogados das partes e, caso estes também não tenham informado endereço nas suas petições, a comunicação deve ser feita diretamente às partes e/ou ao Juízo.
>
> (b) O perito-assistente pode, tão logo tenha conhecimento da perícia, manter contato com o perito do juízo, colocando-se à disposição para a execução da perícia em conjunto.
>
> (c) Na impossibilidade da execução da perícia em conjunto, o perito do juízo deve permitir aos peritos-assistentes o acesso aos autos e aos elementos de prova arrecadados durante a perícia, indicando local e hora para exame pelo perito-assistente.
>
> (d) O perito-assistente pode entregar ao perito do juízo cópia do seu parecer técnico-contábil, previamente elaborado, planilhas ou memórias de cálculo, informações e demonstrações que possam esclarecer ou auxiliar o trabalho a ser desenvolvido pelo perito do juízo.

7. O perito-assistente pode, logo após sua contratação, manter contato com o advogado da parte que o contratou, requerendo dossiê completo do processo para conhecimento dos fatos e melhor acompanhamento dos atos processuais no que for pertinente à perícia.
8. O perito, enquanto estiver de posse do processo ou de documentos, deve zelar por sua guarda e segurança e ser diligente.
9. Para a execução da perícia contábil, o perito deve ater-se ao objeto e ao lapso temporal da perícia a ser realizada.

10. Mediante termo de diligência, o perito deve solicitar por escrito todos os documentos e informações relacionadas ao objeto da perícia, fixando o prazo para entrega.

11. A eventual recusa no atendimento a diligências solicitadas ou qualquer dificuldade na execução do trabalho pericial deve ser comunicada, com a devida comprovação ou justificativa, ao juízo, em se tratando de perícia judicial; ou à parte contratante, no caso de perícia extrajudicial.

12. O perito deve utilizar os meios que lhe são facultados pela legislação e normas concernentes ao exercício de sua função, com vistas a instruir o laudo pericial contábil ou parecer técnico-contábil com as peças que julgarem necessárias.

13. O perito deve manter registro dos locais e datas das diligências, nome das pessoas que o atender, livros e documentos ou coisas vistoriadas, examinadas ou arrecadadas, dados e particularidades de interesse da perícia, rubricando a documentação examinada, quando julgar necessário e possível, juntando o elemento de prova original, cópia ou certidão.

14. A execução da perícia, quando incluir a utilização de equipe técnica, deve ser realizada sob a orientação e supervisão do perito do juízo, que assume a responsabilidade pelos trabalhos, devendo assegurar-se de que as pessoas contratadas sejam profissionais e legalmente capacitadas à execução.

15. O perito deve documentar os elementos relevantes que serviram de suporte à conclusão formalizada no laudo pericial contábil e no parecer técnico-contábil, quando não juntados aos autos, visando fundamentar o laudo ou parecer e comprovar que a perícia foi executada de acordo com os despachos e decisões judiciais e as Normas Brasileiras de Contabilidade.

Procedimentos

16. Os procedimentos periciais contábeis visam fundamentar o laudo pericial contábil e o parecer técnico-contábil e abrangem, total ou parcialmente, segundo a natureza e a complexidade da matéria, exame, vistoria, indagação, investigação, arbitramento, mensuração, avaliação e certificação.

17. O exame é a análise de livros, registros de transações e documentos.

18. A vistoria é a diligência que objetiva a verificação e a constatação de situação, coisa ou fato, de forma circunstancial.

19. A indagação é a busca de informações mediante entrevista com conhecedores do objeto ou de fato relacionado à perícia.

20. A investigação é a pesquisa que busca trazer ao laudo pericial contábil ou parecer técnico-contábil o que está oculto por quaisquer circunstâncias.

21. O arbitramento é a determinação de valores, quantidades ou a solução de controvérsia por critério técnico-científico.

22. A mensuração é o ato de qualificação e quantificação física de coisas, bens, direitos e obrigações.

23. A avaliação é o ato de estabelecer o valor de coisas, bens, direitos, obrigações, despesas e receitas.

24. A certificação é o ato de atestar a informação trazida ao laudo ou ao parecer pelo perito.

25. Concluídos os trabalhos periciais, o perito do juízo apresentará laudo pericial contábil e o perito-assistente oferecerá, querendo, seu parecer técnico-contábil, obedecendo aos respectivos prazos.

26. O perito do juízo, depois de concluído seu trabalho, deve fornecer, quando solicitado, cópia do laudo ao perito-assistente, informando-lhe com antecedência a data em que o laudo pericial contábil será protocolado em cartório.

27. O perito-assistente não pode firmar o laudo pericial quando o documento tiver sido elaborado por leigo ou profissional de outra área, devendo, neste caso, oferecer um parecer técnico-contábil sobre a matéria periciada.

28. O perito-assistente, ao apor a assinatura, em conjunto com o perito do juízo, em laudo pericial contábil, não pode emitir parecer técnico-contábil contrário a esse laudo.

29. O perito-assistente pode entregar cópia do seu parecer, planilhas e documentos ao perito do juízo antes do término da perícia, expondo as suas convicções, fundamentações legais, doutrinárias, técnicas e científicas sem que isto implique indução do perito do juízo a erro, por tratar-se da livre e necessária manifestação científica sobre os pontos controvertidos.

Planejamento

30. O planejamento da perícia é a etapa do trabalho pericial que antecede as diligências, pesquisas, cálculos e respostas aos quesitos, na qual o peri-

to do juízo estabelece a metodologia dos procedimentos periciais a serem aplicados, elaborando-o a partir do conhecimento do objeto da perícia.

Objetivos

31. Os objetivos do planejamento da perícia são:

(a) conhecer o objeto e a finalidade da perícia, a fim de permitir a adoção de procedimentos que conduzam à revelação da verdade, a qual subsidiará o juízo, o árbitro ou o interessado a tomar a decisão a respeito da lide;

(b) definir a natureza, a oportunidade e a extensão dos procedimentos a serem aplicados, em consonância com o objeto da perícia;

(c) estabelecer condições para que o trabalho seja cumprido no prazo estabelecido;

(d) identificar potenciais problemas e riscos que possam vir a ocorrer no andamento da perícia;

(e) identificar fatos importantes para a solução da demanda, de forma que não passem despercebidos ou não recebam a atenção necessária;

(f) identificar a legislação aplicável ao objeto da perícia;

(g) estabelecer como ocorrerá a divisão das tarefas entre os membros da equipe de trabalho, sempre que o perito necessitar de auxiliares;

(h) facilitar a execução e a revisão dos trabalhos.

Desenvolvimento

32. Os documentos dos autos servem como suporte para obtenção das informações necessárias à elaboração do planejamento da perícia.

33. Em caso de ser identificada a necessidade de realização de diligências, na etapa de elaboração do planejamento, devem ser considerados, se não declarada a preclusão de prova documental, a legislação aplicável, documentos, registros, livros contábeis, fiscais e societários, laudos e pareceres já realizados e outras informações que forem identificadas como pertinentes para determinar a natureza do trabalho a ser executado.

34. Quando necessário, o planejamento deve ser realizado pelo perito do juízo ainda que o trabalho venha a ser realizado de forma conjunta.

35. Quando necessário, o planejamento da perícia deve ser mantido por qualquer meio de registro que facilite o entendimento dos procedimentos a serem aplicados e sirva de orientação adequada à execução do trabalho.
36. Quando necessário, o planejamento deve ser revisado e atualizado sempre que fatos novos surjam no decorrer da perícia.

Riscos e custos

37. O perito, na fase do planejamento, com vistas a elaborar a proposta de honorários, deve:

(a) avaliar os riscos decorrentes das suas responsabilidades e todas as despesas e custos inerentes;

(b) ressaltar que, na hipótese de apresentação de quesitos suplementares, poderá estabelecer honorários complementares.

Equipe técnica

38. Quando a perícia exigir a necessidade de utilização de trabalho de terceiros (equipe de apoio, trabalho de especialistas ou profissionais de outras áreas de conhecimento), o planejamento deve prever a orientação e a supervisão do perito, que responderá pelos trabalhos executados, exclusivamente, por sua equipe de apoio.

Cronograma

39. O perito do juízo deve levar em consideração que o planejamento da perícia, quando for o caso, inicia-se antes da elaboração da proposta de honorários, considerando-se que, para apresentá-la ao juízo ou aos contratantes, há necessidade de se especificarem as etapas do trabalho a serem realizadas. Isto implica que o perito deve ter conhecimento prévio de todas as etapas, salvo aquelas que somente serão identificadas quando da execução da perícia.
40. No cronograma de trabalho, devem ficar evidenciados, quando aplicáveis, todos os itens necessários à execução da perícia, como: diligências a serem realizadas, deslocamentos, necessidade de trabalho de terceiros, pesquisas que serão feitas, elaboração de cálculos e planilhas, respostas aos

quesitos, prazo para apresentação do laudo e/ou oferecimento do parecer, de forma a assegurar que todas as etapas necessárias à realização da perícia sejam cumpridas.

Termo de diligência

41. Termo de diligência é o instrumento por meio do qual o perito solicita documentos, coisas, dados e informações necessárias à elaboração do laudo pericial contábil e do parecer técnico-contábil.

42. Serve também para determinar o local, a data e a hora do início da perícia, e ainda para a execução de outros trabalhos que tenham sido a ele determinados ou solicitados por quem de direito, desde que tenham a finalidade de orientar ou colaborar nas decisões, judiciais ou extrajudiciais.

43. O termo de diligência deve ser redigido pelo perito, ser apresentado diretamente ao perito-assistente, à parte, a seu procurador ou terceiro, por escrito e juntado ao laudo.

44. O perito deve observar os prazos a que está obrigado por força de determinação legal e, dessa forma, definir o prazo para o cumprimento da solicitação pelo diligenciado.

45. Caso ocorra a negativa da entrega dos elementos de prova formalmente requeridos, o perito deve se reportar diretamente a quem o nomeou, contratou ou indicou, narrando os fatos e solicitando as providências cabíveis.

Estrutura

46. O termo de diligência deve conter os seguintes itens:

(a) identificação do diligenciado;

(b) identificação das partes ou dos interessados e, em se tratando de perícia judicial ou arbitral, o número do processo ou procedimento, o tipo e o juízo em que tramita;

(c) identificação do perito com indicação do número do registro profissional no Conselho Regional de Contabilidade;

(d) indicação de que está sendo elaborado nos termos desta Norma;

(e) indicação detalhada dos documentos, coisas, dados e informações, consignando as datas e/ou períodos abrangidos, podendo identificar o quesito a que se refere;

(f) indicação do prazo e do local para a exibição dos documentos, coisas, dados e informações necessários à elaboração do laudo pericial contábil ou parecer técnico-contábil, devendo o prazo ser compatível com aquele concedido pelo juízo, contratante ou convencionado pelas partes, considerada a quantidade de documentos, as informações necessárias, a estrutura organizacional do diligenciado e o local de guarda dos documentos;

(g) a indicação da data e hora para sua efetivação, após atendidos os requisitos da alínea (e), quando o exame dos livros, documentos, coisas e elementos tiver de ser realizado perante a parte ou ao terceiro que detém em seu poder tais provas;

(h) local, data e assinatura.

Laudo pericial contábil e parecer técnico-contábil

47. O Decreto-Lei nº 9.295/46, na alínea "c" do Art. 25, determina que o laudo pericial contábil e o parecer técnico-contábil somente sejam elaborados por contador ou pessoa jurídica, se a lei assim permitir, que estejam devidamente registrados e habilitados em Conselho Regional de Contabilidade. A habilitação é comprovada mediante Certidão de Regularidade Profissional emitida pelos Conselhos Regionais de Contabilidade.

48. O laudo pericial contábil e o parecer técnico-contábil são documentos escritos, nos quais os peritos devem registrar, de forma abrangente, o conteúdo da perícia e particularizar os aspectos e as minudências que envolvam o seu objeto e as buscas de elementos de prova necessários para a conclusão do seu trabalho.

49. Os peritos devem consignar, no final do laudo pericial contábil ou do parecer técnico-contábil, de forma clara e precisa, as suas conclusões.

Apresentação do laudo pericial contábil e oferta do parecer técnico-contábil

50. O laudo e o parecer são, respectivamente, orientados e conduzidos pelo perito do juízo e pelo perito-assistente, que adotarão padrão próprio, respeitada a estrutura prevista nesta Norma, devendo ser redigidos de forma circunstanciada, clara, objetiva, sequencial e lógica.

51. A linguagem adotada pelo perito deve ser clara, concisa, evitando o prolixo e a tergiversação, possibilitando aos julgadores e às partes o devido conhecimento da prova técnica e interpretação dos resultados obtidos. As respostas devem ser objetivas, completas e não lacônicas. Os termos técnicos devem ser inseridos no laudo e no parecer, de modo a se obter uma redação que qualifique o trabalho pericial, respeitadas as Normas Brasileiras de Contabilidade.
52. Tratando-se de termos técnicos atinentes à profissão contábil, devem, quando necessário, ser acrescidos de esclarecimentos adicionais e recomendada a utilização daqueles consagrados pela doutrina contábil.
53. O perito deve elaborar o laudo e o parecer, utilizando-se do vernáculo, sendo admitidas apenas palavras ou expressões idiomáticas de outras línguas de uso comum nos tribunais judiciais ou extrajudiciais.
54. O laudo e o parecer devem contemplar o resultado final alcançado por meio de elementos de prova inclusos nos autos ou arrecadados em diligências que o perito tenha efetuado, por intermédio de peças contábeis e quaisquer outros documentos, tipos e formas.

Terminologia

55. Forma circunstanciada: a redação pormenorizada, minuciosa, efetuada com cautela e detalhamento em relação aos procedimentos e aos resultados do laudo e do parecer.
56. Síntese do objeto da perícia e resumo dos autos: o relato ou a transcrição sucinta, de forma que resulte em uma leitura compreensiva dos fatos relatados sobre as questões básicas que resultaram na nomeação ou na contratação do perito.
57. Diligência: todos os atos adotados pelos peritos na busca de documentos, coisas, dados e informações e outros elementos de prova necessários à elaboração do laudo e do parecer, mediante termo de diligência, desde que tais provas não estejam colacionadas aos autos. Ainda são consideradas diligências as comunicações às partes, aos peritos-assistentes ou a terceiros, ou petições judiciais.
58. Critério: é a faculdade que tem o perito de distinguir como proceder em torno dos fatos alegados para julgar ou decidir o caminho que deve seguir na elaboração do laudo e do parecer.

59. Metodologia: conjunto dos meios dispostos convenientemente para alcançar o resultado da perícia por meio do conhecimento técnico-científico, de maneira que possa, ao final, inseri-lo no corpo técnico do laudo e parecer.

60. Conclusão: é a quantificação, quando possível, do valor da demanda, podendo reportar-se a demonstrativos apresentados no corpo do laudo e do parecer ou em documentos. É na conclusão que o perito registrará outras informações que não constaram na quesitação, porém, encontrou-as na busca dos elementos de prova inerentes ao objeto da perícia.

61. Apêndices: são documentos elaborados pelo perito contábil; e Anexos são documentos entregues a estes pelas partes e por terceiros, com o intuito de complementar a argumentação ou elementos de prova.

62. Palavras e termos ofensivos: o perito que se sentir ofendido por expressões injuriosas, de forma escrita ou verbal, no processo, poderá tomar as seguintes providências:

(a) sendo a ofensa escrita ou verbal, por qualquer das partes, peritos ou advogados, o perito ofendido pode requerer da autoridade competente que mande riscar os termos ofensivos dos autos ou cassada a palavra;

(b) as providências adotadas, na forma prevista na alínea (a), não impedem outras medidas de ordem civil ou criminal.

63. Esclarecimentos: havendo determinação de esclarecimentos do laudo ou do parecer sem a realização de audiência, o perito deve fazer, por escrito, observando em suas respostas os mesmos procedimentos adotados quando da feitura do esclarecimento em audiência, no que for aplicável.

64. Os peritos devem, na conclusão do laudo e do parecer, considerar as formas explicitadas nos itens seguintes:

(a) omissão de fatos: o perito do juízo não pode omitir nenhum fato relevante encontrado no decorrer de suas pesquisas ou diligências, mesmo que não tenha sido objeto de quesitação e desde que esteja relacionado ao objeto da perícia;

(b) a conclusão com quantificação de valores é viável em casos de: apuração de haveres; liquidação de sentença, inclusive em processos trabalhistas; resolução de sociedade; avaliação patrimonial, entre outros;

(c) pode ocorrer que, na conclusão, seja necessária a apresentação de alternativas, condicionada às teses apresentadas pelas partes, casos em que cada uma apresenta uma versão para a causa. O perito deve apresentar as alternativas condicionadas às teses apresentadas, devendo, necessariamente, ser identificados os critérios técnicos que lhes deem respaldo;

(d) a conclusão pode ainda reportar-se às respostas apresentadas nos quesitos;

(e) a conclusão pode ser, simplesmente, elucidativa quanto ao objeto da perícia, não envolvendo, necessariamente, quantificação de valores.

Estrutura

65. O laudo deve conter, no mínimo, os seguintes itens:

(a) identificação do processo e das partes;

(b) síntese do objeto da perícia;

(c) resumo dos autos;

(d) metodologia adotada para os trabalhos periciais e esclarecimentos;

(e) relato das diligências realizadas;

(f) transcrição dos quesitos e suas respectivas respostas para o laudo pericial contábil;

(g) transcrição dos quesitos e suas respectivas respostas para o parecer técnico-contábil, onde houver divergência das respostas formuladas pelo perito do juízo;

(h) conclusão;

(i) termo de encerramento, constando a relação de anexos e apêndices;

(j) assinatura do perito: deve constar sua categoria profissional de contador, seu número de registro em Conselho Regional de Contabilidade, comprovado mediante Certidão de Regularidade Profissional (CRP) e sua função: se laudo, perito do juízo e se parecer, perito-assistente da parte. É permitida a utilização da certificação digital, em consonância com a legislação vigente e as normas estabelecidas pela Infraestrutura de Chaves Públicas Brasileiras - ICP-Brasil;

(k) para elaboração de parecer, aplicam-se o disposto nas alíneas acima, no que couber.

Assinatura em conjunto

66. Quando se tratar de laudo pericial contábil, assinado em conjunto pelos peritos, há responsabilidade solidária sobre o referido documento.

Laudo e parecer de leigo ou profissional não habilitado

67. Considera-se leigo ou profissional não habilitado para a elaboração de laudo e parecer contábeis qualquer profissional que não seja contador habilitado perante Conselho Regional de Contabilidade.

Esclarecimentos sobre laudo e parecer técnico-contábil em audiência

68. Esclarecimentos são informações prestadas pelo perito aos pedidos de esclarecimento sobre laudo e parecer, determinados pelas autoridades competentes, por motivos de obscuridade, incompletudes, contradições ou omissões. Os esclarecimentos podem ser prestados de duas maneiras:

(a) de forma escrita: os pedidos de esclarecimentos deferidos e apresentados ao perito, no prazo legal, devem ser prestados por escrito;

(b) de forma oral: os pedidos de esclarecimentos deferidos e apresentados, no prazo legal, ao perito para serem prestados em audiência podem ser de forma oral ou escrita.

Quesitos e respostas

69. O perito deve observar as perguntas efetuadas pelo juízo e/ou pelas partes, no momento próprio dos esclarecimentos, pois tal ato se limita às respostas a quesitos integrantes do laudo ou do parecer e às explicações sobre o conteúdo da lide ou sobre a conclusão.

Modelos

70. Em anexo, são apresentados os seguintes modelos exemplificativos:
Modelo nº 01 – Termo de Diligência na Perícia Judicial;
Modelo nº 02 – Termo de Diligência na Perícia Extrajudicial;
Modelo nº 03 – Termo de Diligência na Perícia Arbitral;
Modelo nº 04 – Planejamento para Perícia Judicial.

Vigência

71. Esta Norma entra em vigor na data de sua publicação, revogando-se a Resolução CFC nº 1.243/09, publicada no DOU, Seção I, de 18/12/09.

Brasília, 27 de fevereiro de 2015.

Contador José Martonio Alves Coelho
Presidente

Modelo nº 01: Termo de diligência na perícia judicial

TERMO DE DILIGÊNCIA Nº___________/PROCESSO Nº_______

IDENTIFICAÇÃO DO DILIGENCIADO
SECRETARIA:
PARTES:
PERITO DO JUÍZO: (categoria e nº do registro)
PERITO-ASSISTENTE: (categoria e nº do registro)

Na condição de perito do juízo, nomeado pelo Juízo em referência e/ou perito-assistente indicado pelas partes, nos termos do art. 429 do Código do Processo Civil e das Normas Brasileiras de Contabilidade, solicita-se que sejam fornecidos ou postos à disposição, para análise, os documentos a seguir indicados:

1.
2.
3.
4.
etc.

Para que se possa cumprir o prazo estabelecido para elaboração e entrega do laudo pericial contábil ou parecer técnico-contábil, é necessário que os documentos solicitados sejam fornecidos ou postos à disposição deste perito até o dia __/__/__, às _____horas, no endereço __________ ____________________________(do perito do juízo e/ou perito-assistente, e/ou parte). Solicita-se que seja comunicado quando os documentos tiverem sido remetidos ou estiverem à disposição para análise.

Em caso de dúvida, solicita-se esclarecê-la diretamente com o signatário no endereço e telefones indicados.

Local e data

Assinatura

Nome do perito

Contador – Nº de registro no CRC

Modelo nº 02: Termo de diligência na perícia extrajudicial

TERMO DE DILIGÊNCIA Nº___________/PROCESSO Nº_______

ENDEREÇAMENTO DO DILIGENCIADO
EXTRAJUDICIAL
PARTE CONTRATANTE:
PERITO DO JUÍZO: (categoria e nº do registro)
PERITO-ASSISTENTE: (categoria e nº do registro)

Na condição de perito do juízo e/ou perito-assistente, escolhido pelas partes, em consonância com as Normas Brasileiras de Contabilidade, nos termos contratuais, solicita-se que sejam fornecidos ou postos à disposição, para análise, os documentos a seguir indicados:

1.
2.
3.
4.
etc.

Para que se possa cumprir o prazo estabelecido para a elaboração e entrega do laudo pericial contábil ou parecer técnico-contábil, é necessário que os documentos solicitados sejam fornecidos ou postos à disposição deste perito até o dia __/__/__, às __h, no endereço ____________ (do perito do Juízo e/ou perito-assistente, e/ou parte). Solicita-se que seja comunicado quando os documentos tiverem sido remetidos ou estiverem à disposição para análise.

Em caso de dúvida, solicita-se esclarecê-la diretamente com o signatário no endereço e telefones indicados.

Local e data
Assinatura
Nome do perito
Contador – Nº de registro no CRC

Modelo nº 03:
Termo de diligência na perícia arbitral

TERMO DE DILIGÊNCIA Nº____________/PROCESSO Nº_______

ENDEREÇAMENTO DO DILIGENCIADO ARBITRAL
CÂMARA ARBITRAL:
ÁRBITRO:
JUIZ ARBITRAL:
PARTES:
PERITO: (categoria e nº do registro)

Na condição de perito do juízo, escolhido pelo árbitro, e/ou perito-assistente, indicado pelas partes, nos termos da Lei nº 9.307/96 ou do regulamento da Câmara de Mediação e Arbitragem, ____________, e ainda em consonância com as Normas Brasileiras de Contabilidade, solicita-se que sejam fornecidos ou postos à disposição, para análise, os documentos a seguir indicados:

1.
2.
3.
etc.

Para que se possa cumprir o prazo estabelecido para a elaboração e entrega do laudo pericial contábil ou parecer técnico-contábil, é necessário que os documentos solicitados sejam fornecidos ou postos à disposição deste perito até o dia __/__/__, às __h, no endereço ____________ (do perito do Juízo e/ou perito-assistente, e/ou parte). Solicita-se que seja comunicado quando os documentos tiverem sido remetidos ou estiverem à disposição para análise.

Em caso de dúvida, solicita-se esclarecê-la diretamente com o signatário nos endereços e telefones indicados.

Local e data
Assinatura
Nome do perito
Contador – Nº de registro no CRC

Modelo nº 04: Planejamento para perícia judicial

Fase pré-operacional

ITEM	ATIVIDADE	AÇÕES	TEMPO		PRAZO	
			Estimado	Real	Estimado	Real
1	Carga ou recebimento do processo	Após receber a intimação do juiz, quando for o caso, retirar o processo da Secretaria.	h	h	XX/XX/XX	XX/XX/XX
2	Leitura do processo	Conhecer os detalhes acerca do objeto da perícia, realizando a leitura e o estudo dos autos.	h	h	XX/XX/XX	XX/XX/XX
3	Aceitação, ou não, da perícia	Após estudo e análise dos autos, constatando-se que há impedimento ou suspeição, não havendo interesse do perito ou não estando habilitado para fazer a perícia, devolver o processo justificando o motivo da escusa.	h	h	XX/XX/XX	XX/XX/XX
		Aceitando o encargo da perícia, proceder ao planejamento.	h	h	XX/XX/XX	XX/XX/XX
4	Proposta de honorários	Com base na relevância, no vulto, no risco e na complexidade dos serviços, entre outros, estimar as horas para cada fase do trabalho, considerando ainda a qualificação do pessoal que participará dos serviços, o prazo para a entrega dos trabalhos e a confecção de laudos interdisciplinares.	h	h	XX/XX/XX	XX/XX/XX

(Cont.)

Execução da perícia

ITEM	ATIVIDADE	AÇÕES	TEMPO		PRAZO	
			Estimado	Real	Estimado	Real
5	Sumário	Com base na documentação existente nos autos, elaborar o sumário dos autos, indicando o tipo do documento e a folha dos autos onde pode ser encontrado.	h	h	XX/XX/XX	XX/XX/XX
6	Assistentes técnicos	Uma vez aceita a participação do perito-assistente, ajustar a forma de acesso dele aos trabalhos.				
7	Diligências	Com fundamento no conteúdo do processo e nos quesitos, preparar o(s) termo(s) de diligência(s) necessário(s), onde será relacionada a documentação ausente nos autos.	h	h	XX/XX/XX	XX/XX/XX
8	Viagens	Programar as viagens quando necessárias.	h	h	XX/XX/XX	XX/XX/XX
9	Pesquisa documental	Com fundamento no conteúdo do processo, definir as pesquisas, os estudos e o catálogo da legislação pertinente.	h	h	XX/XX/XX	XX/XX/XX
10	Programa de trabalho	Exame de documentos pertinentes à perícia.	h	h	XX/XX/XX	XX/XX/XX
		Exame de livros contábeis, fiscais, societários e outros.	h	h	XX/XX/XX	XX/XX/XX
		Análises contábeis a serem realizadas.	h	h	XX/XX/XX	XX/XX/XX
		Entrevistas, vistorias, indagações, investigações, informações necessárias.	h	h	XX/XX/XX	XX/XX/XX
		Laudos interdisciplinares e pareceres técnicos.	h	h	XX/XX/XX	XX/XX/XX
		Cálculos, arbitramentos, mensurações e avaliações a serem elaborados.	h	h	XX/XX/XX	XX/XX/XX
		Preparação e redação do laudo pericial.	h	h	XX/XX/XX	XX/XX/XX

(Cont.)

ITEM	ATIVIDADE	AÇÕES	TEMPO		PRAZO	
			Estimado	Real	Estimado	Real
11	Revisões técnicas	Proceder à revisão final do laudo para verificar eventuais correções, bem como verificar se todos os apêndices e anexos citados no laudo estão na ordem lógica e corretamente enumerados.	h	h	XX/XX/XX	XX/XX/XX
			h	h	XX/XX/XX	XX/XX/XX
12	Prazo suplementar	Diante da expectativa de não concluir o laudo no prazo determinado pelo juiz, requerer, antes do vencimento do prazo determinado, por petição, prazo suplementar, reprogramando o planejamento.	h	h	XX/XX/XX	XX/XX/XX
13	Entrega do laudo pericial contábil	Devolver os autos do processo e peticionar, requerendo a juntada do laudo e levantamento ou arbitramento dos honorários.	h	h	XX/XX/XX	XX/XX/XX

Anexo 2

NORMA BRASILEIRA DE CONTABILIDADE – NBC PP 01, DE 27 DE FEVEREIRO DE 2015

Dá nova redação à NBC PP 01 – Perito Contábil.

O CONSELHO FEDERAL DE CONTABILIDADE, no exercício de suas atribuições legais e regimentais e com fundamento no disposto na alínea "f" do art. 6º do Decreto-Lei nº 9.295/46, alterado pela Lei nº 12.249/10, faz saber que foi aprovada em seu Plenário a seguinte Norma Brasileira de Contabilidade (NBC):

NBC PP 01 – PERITO CONTÁBIL

Sumário **Item**

Sumário	Item
Objetivo	1
Conceito	2 - 5
Alcance	6
Habilitação profissional	7 - 8
Impedimento e suspeição	9 - 17
Suspeição e impedimento legal	13 - 17
Responsabilidade	18 - 24
Responsabilidade civil e penal	23 - 24
Zelo profissional	25 - 31
Utilização de trabalho de especialista	32
Honorários	33 - 40
Elaboração de proposta	34
Quesitos suplementares	35

Apresentação de proposta dos honorários 36 - 37
Levantamento dos honorários 38
Execução de honorários periciais 39
Despesas supervenientes na execução da perícia 40
Esclarecimentos 41
Modelos 42
Vigência 43

Objetivo

1. Esta Norma estabelece critérios inerentes à atuação do contador na condição de perito.

Conceito

2. Perito é o contador, regularmente registrado em Conselho Regional de Contabilidade, que exerce a atividade pericial de forma pessoal, devendo ser profundo conhecedor, por suas qualidades e experiências, da matéria periciada.
3. Perito oficial é o investido na função por lei e pertencente a órgão especial do Estado destinado, exclusivamente, a produzir perícias e que exerce a atividade por profissão.
4. Perito do juízo é nomeado pelo juiz, árbitro, autoridade pública ou privada para exercício da perícia contábil.
5. Perito-assistente é o contratado e indicado pela parte em perícias contábeis.

Alcance

6. Aplica-se ao perito o Código de Ética Profissional do Contador, a NBC PG 100 – Aplicação Geral aos Profissionais da Contabilidade e a NBC PG 200 – Contadores que prestam Serviços (contadores externos) naqueles aspectos não abordados por esta Norma.

Habilitação profissional

7. O perito deve comprovar sua habilitação como perito em contabilidade por intermédio de Certidão de Regularidade Profissional emitida pelos Conselhos Regionais de Contabilidade. O perito deve anexá-la no primeiro ato de sua manifestação e na apresentação do laudo ou parecer para atender ao disposto no Código de Processo Civil. É permitida a utilização da certificação digital, em consonância com a legislação vigente e as normas estabelecidas pela Infraestrutura de Chaves Públicas Brasileiras – ICP-Brasil.

8. A indicação ou a contratação de perito-assistente ocorre quando a parte ou a contratante desejar ser assistida por contador, ou comprovar algo que dependa de conhecimento técnico-científico, razão pela qual o profissional só deve aceitar o encargo se reconhecer estar capacitado com conhecimento suficiente, discernimento, com irrestrita independência e liberdade científica para a realização do trabalho.

Impedimento e suspeição

9. Impedimento e suspeição são situações fáticas ou circunstanciais que impossibilitam o perito de exercer, regularmente, suas funções ou realizar atividade pericial em processo judicial ou extrajudicial, inclusive arbitral. Os itens previstos nesta Norma explicitam os conflitos de interesse motivadores dos impedimentos e das suspeições a que está sujeito o perito nos termos da legislação vigente e do Código de Ética Profissional do Contador.

10. Para que o perito possa exercer suas atividades com isenção, é fator determinante que ele se declare impedido, após nomeado ou indicado, quando ocorrerem as situações previstas nesta Norma, nos itens abaixo.

11. Quando nomeado, o perito do juízo deve dirigir petição, no prazo legal, justificando a escusa ou o motivo do impedimento ou da suspeição.

12. Quando indicado pela parte e não aceitando o encargo, o perito-assistente deve comunicar a ela sua recusa, devidamente justificada por escrito, com cópia ao juízo.

Suspeição e impedimento legal

13. O perito do juízo deve se declarar impedido quando não puder exercer suas atividades, observados os termos do Código de Processo Civil.

14. O perito-assistente deve declarar-se suspeito quando, após contratado, verificar a ocorrência de situações que venham suscitar suspeição em função da sua imparcialidade ou independência e, dessa maneira, comprometer o resultado do seu trabalho.

15. O perito do juízo ou assistente deve declarar-se suspeito quando, após nomeado ou contratado, verificar a ocorrência de situações que venham suscitar suspeição em função da sua imparcialidade ou independência e, dessa maneira, comprometer o resultado do seu trabalho em relação à decisão.

16. Os casos de suspeição a que está sujeito o perito do juízo são os seguintes:

(a) ser amigo íntimo de qualquer das partes;

(b) ser inimigo capital de qualquer das partes;

(c) ser devedor ou credor em mora de qualquer das partes, dos seus cônjuges, de parentes destes em linha reta ou em linha colateral até o terceiro grau ou entidades das quais esses façam parte de seu quadro societário ou de direção;

(d) ser herdeiro presuntivo ou donatário de alguma das partes ou dos seus cônjuges;

(e) ser parceiro, empregador ou empregado de alguma das partes;

(f) aconselhar, de alguma forma, parte envolvida no litígio acerca do objeto da discussão; e

(g) houver qualquer interesse no julgamento da causa em favor de alguma das partes.

17. O perito pode ainda declarar-se suspeito por motivo íntimo.

Responsabilidade

18. O perito deve conhecer as responsabilidades sociais, éticas, profissionais e legais às quais está sujeito no momento em que aceita o encargo para a execução de perícias contábeis judiciais e extrajudiciais, inclusive arbitral.

19. O termo "responsabilidade" refere-se à obrigação do perito em respeitar os princípios da ética e do direito, atuando com lealdade, idoneidade e honestidade no desempenho de suas atividades, sob pena de responder civil, criminal, ética e profissionalmente por seus atos.

20. A responsabilidade do perito decorre da relevância que o resultado de sua atuação pode produzir para a solução da lide.

21. Ciente do livre exercício profissional, deve o perito do juízo, sempre que possível e não houver prejuízo aos seus compromissos profissionais e as suas finanças pessoais, em colaboração com o Poder Judiciário, aceitar o encargo confiado ou escusar-se do encargo, no prazo legal, apresentando suas razões.

22. O perito do juízo, no desempenho de suas funções, deve propugnar pela imparcialidade, dispensando igualdade de tratamento às partes e, especialmente, aos peritos-assistentes. Não se considera parcialidade, entre outros, os seguintes:

a) atender às partes ou assistentes técnicos, desde que se assegure igualdade de oportunidades; ou

b) fazer uso de trabalho técnico-científico anteriormente publicado pelo perito do juízo.

Responsabilidade civil e penal

23. A legislação cível determina responsabilidades e penalidades para o profissional que exerce a função de perito, as quais consistem em multa, indenização e inabilitação.

24. A legislação penal estabelece penas de multa e reclusão para os profissionais que exercem a atividade pericial que vierem a descumprir as normas legais.

Zelo profissional

25. O termo "zelo", para o perito, refere-se ao cuidado que ele deve dispensar na execução de suas tarefas, em relação à sua conduta, documentos, prazos, tratamento dispensado às autoridades, aos integrantes da lide e aos demais profissionais, de forma que sua pessoa seja respeitada, seu trabalho levado a bom termo e, consequentemente, o laudo pericial contábil e o parecer técnico-contábil dignos de fé pública.

26. O zelo profissional do perito na realização dos trabalhos periciais compreende:

(a) cumprir os prazos fixados pelo juiz em perícia judicial e nos termos contratados em perícia extrajudicial, inclusive arbitral;

(b) assumir a responsabilidade pessoal por todas as informações prestadas, quesitos respondidos, procedimentos adotados, diligências realizadas, valores apurados e conclusões apresentadas no laudo pericial contábil e no parecer técnico-contábil;

(c) prestar os esclarecimentos determinados pela autoridade competente, respeitados os prazos legais ou contratuais;

(d) propugnar pela celeridade processual, valendo-se dos meios que garantam eficiência, segurança, publicidade dos atos periciais, economicidade, o contraditório e a ampla defesa;

(e) ser prudente, no limite dos aspectos técnico-científicos, e atento às consequências advindas dos seus atos;

(f) ser receptivo aos argumentos e críticas, podendo ratificar ou retificar o posicionamento anterior.

27. A transparência e o respeito recíprocos entre o perito do juízo e o perito-assistente pressupõem tratamento impessoal, restringindo os trabalhos, exclusivamente, ao conteúdo técnico-científico.

28. O perito é responsável pelo trabalho de sua equipe técnica, a qual compreende os auxiliares para execução do trabalho complementar do laudo pericial contábil e/ou parecer técnico-contábil.

29. Sempre que não for possível concluir o laudo pericial contábil no prazo fixado pelo juiz, deve o perito do juízo requerer a sua dilação antes de vencido aquele, apresentando os motivos que ensejaram a solicitação.

30. Na perícia extrajudicial, o perito deve estipular os prazos necessários para a execução dos trabalhos junto com a proposta de honorários e com a descrição dos serviços a executar.

31. A realização de diligências, durante a elaboração do laudo pericial, para busca de provas, quando necessária, deve ser comunicada às partes para ciência de seus assistentes.

Utilização de trabalho de especialista

32. O perito pode valer-se de especialistas de outras áreas para a realização do trabalho, quando parte da matéria-objeto da perícia assim o requeira. Se o perito utilizar informações de especialista, inclusive se anexar documento

emitido por especialista, o perito é responsável por todas as informações contidas em seu laudo ou parecer.

Honorários

33. Na elaboração da proposta de honorários, o perito dever considerar os seguintes fatores: a relevância, o vulto, o risco, a complexidade, a quantidade de horas, o pessoal técnico, o prazo estabelecido e a forma de recebimento, entre outros fatores.

Elaboração de proposta

34. O perito deve elaborar a proposta de honorários estimando, quando possível, o número de horas para a realização do trabalho, por etapa e por qualificação dos profissionais, considerando os trabalhos a seguir especificados:

(a) retirada e entrega do processo ou procedimento arbitral;

(b) leitura e interpretação do processo;

(c) elaboração de termos de diligências para arrecadação de provas e comunicações às partes, terceiros e peritos-assistentes;

(d) realização de diligências;

(e) pesquisa documental e exame de livros contábeis, fiscais e societários;

(f) elaboração de planilhas de cálculo, quadros, gráficos, simulações e análises de resultados;

(g) elaboração do laudo;

(h) reuniões com peritos-assistentes, quando for o caso;

(i) revisão final;

(j) despesas com viagens, hospedagens, transporte, alimentação, etc.;

(k) outros trabalhos com despesas supervenientes.

Quesitos suplementares

35. O perito deve ressaltar, em sua proposta de honorários, que esta não contempla os honorários relativos a quesitos suplementares e, se estes forem formulados pelo juiz e/ou pelas partes, pode haver incidência de honorários complementares a serem requeridos, observando os mesmos critérios adotados para elaboração da proposta inicial.

Apresentação da proposta de honorários

36. O perito deve apresentar sua proposta de honorários devidamente fundamentada.

37. O perito deve explicitar a sua proposta no contrato que, obrigatoriamente, celebrará com o seu cliente, observando as normas estabelecidas pelo Conselho Federal de Contabilidade. No final desta Norma, há um modelo de contrato que pode ser utilizado (Modelo nº 10).

Levantamento dos honorários

38. O perito pode requerer a liberação parcial dos honorários quando julgar necessário para o custeio de despesas durante a realização dos trabalhos.

Execução de honorários periciais

39. Os honorários periciais fixados ou arbitrados e não quitados podem ser executados, judicialmente, pelo perito em conformidade com os dispositivos do Código de Processo Civil.

Despesas supervenientes na execução da perícia

40. Nos casos em que houver necessidade de desembolso para despesas supervenientes, como viagens e estadas, para a realização de outras diligências, o perito deve requerer ao juízo ou solicitar ao contratante o pagamento das despesas, apresentando a respectiva comprovação, desde que não estejam contempladas ou quantificadas na proposta inicial de honorários.

Esclarecimentos

41. O perito deve prestar esclarecimentos sobre o conteúdo do laudo pericial contábil ou do parecer técnico-contábil, em atendimento à determinação do juiz ou árbitro que preside o feito, os quais podem não ensejar novos honorários periciais, se forem apresentados para obtenção de detalhes do trabalho realizado, uma vez que as partes podem formulá-los com essa denominação, mas serem quesitos suplementares.

Modelos

42. Em anexo, são apresentados os seguintes modelos exemplificativos:

Modelo nº 01 – Escusa em perícia judicial;
Modelo nº 02 – Renúncia em perícia arbitral;
Modelo nº 03 – Renúncia em perícia extrajudicial;
Modelo nº 04 – Renúncia à indicação em perícia judicial;
Modelo nº 05 – Renúncia à indicação em perícia arbitral;
Modelo nº 06 – Renúncia em assistência em perícia extrajudicial;
Modelo nº 07 – Petição de honorários periciais contábeis;
Modelo nº 08 – Petição de juntada de laudo pericial contábil e pedido de levantamento de honorários;
Modelo nº 09 – Petição de juntada de laudo trabalhista e pedido de arbitramento de honorários; e
Modelo nº 10 – Contrato particular de prestação de serviços profissionais.

Vigência

43. Esta Norma entra em vigor na data de sua publicação, revogando-se a Resolução CFC nº 1.244/09, publicada no DOU, Seção I, de 18/12/09.

Brasília, 27 de fevereiro de 2015.

Contador José Martonio Alves Coelho
Presidente

Modelo nº 01
Escusa em perícia judicial

(IMPEDIMENTO OU SUSPEIÇÃO – PERITO DO JUÍZO)

Excelentíssimo(a) Senhor(a) Doutor(a) Juiz(a) ____________________

Autor:
Réu:
Ação:
Processo nº:

____________________, contador(a) registrado(a) no CRC, na condição de perito nomeado no processo acima referido, vem à presença de Vossa Excelência comunicar, nos termos do art.______ do Código de Processo Civil e do item ______ da Norma Brasileira de Contabilidade NBC PP 01 do Conselho Federal de Contabilidade, o seu impedimento para a produção da prova pericial contábil, pelos motivos esclarecidos a seguir:

Obs.: Tais motivos são somente aqueles insertos no art. ______ do Código de Processo Civil e nos itens de impedimento e suspeição da NBC PP 01.

Termos em que pede deferimento.

____________________, ______ de ____________ de ____________.

Nome do perito
Registro no CRC

Modelo nº 02
Renúncia em perícia arbitral

(IMPEDIMENTO OU SUSPEIÇÃO – PERITO DO JUÍZO)

Senhor(a) Presidente(a) da Câmara ________________ ou do Tribunal Arbitral ________________

Requerente:
Requerido:
Ação:
Processo nº:

________________, contador(a) registrado(a) no CRC ______, na condição de perito escolhido no processo acima referido, vem à presença dessa Egrégia Câmara ou Egrégio Tribunal comunicar, nos termos do item ______ da NBC PP 01 do Conselho Federal de Contabilidade, o seu impedimento para a produção da prova pericial contábil pelos motivos esclarecidos a seguir:

Obs.: Tais motivos são somente aqueles insertos nos itens de impedimento e suspeição da NBC PP 01.

Certos de sua compreensão, agradeço antecipadamente.

________________, ____ de __________ de __________.

Nome do perito
Registro no CRC

Modelo nº 03
Renúncia em perícia extrajudicial

(IMPEDIMENTO OU SUSPEIÇÃO – PERITO DO JUÍZO)

Senhor(a) ________________
(Ou endereçado à empresa)

Assunto:
Referência:

________________, contador(a) registrado(a) no CRC ______, na condição de perito contratado para a execução da perícia __________, vem pela presente comunicar, nos termos do item __________ da NBC PP 01 do Conselho Federal de Contabilidade, o seu impedimento no desenvolvimento do trabalho pericial contratado (citar o assunto ou referência) pelos motivos esclarecidos a seguir:

Obs.: Tais motivos são somente aqueles insertos nos itens de impedimento e suspeição da NBC PP 01.

Certo de sua compreensão, agradeço antecipadamente.

________________, ______ de __________ de __________.

Nome do perito
Registro no CRC

Modelo nº 04
Renúncia à indicação em perícia judicial

(IMPEDIMENTO – PERITO-ASSISTENTE)

Excelentíssimo(a) Senhor(a) Doutor(a) Juiz(a) ________________

Autor:
Réu:
Ação:
Processo nº:

________________, contador(a) registrado(a) no CRC __________, na condição de perito-assistente indicado pela parte (requerente ou requerido) no processo acima referido, vem à presença de Vossa Excelência comunicar, nos termos da NBC PP 01 do Conselho Federal de Contabilidade, o seu impedimento na assistência da produção da prova pericial contábil, pelos motivos esclarecidos a seguir:

Obs.: Tais motivos são somente aqueles insertos nos itens de impedimento da NBC PP 01.

Termos em que pede deferimento.

________________, ____ de __________ de __________.

Nome do perito-contador
Registro no CRC

Modelo nº 05
Renúncia à indicação em perícia arbitral

(IMPEDIMENTO – PERITO-ASSISTENTE)

Senhor(a) Presidente(a) da Câmara ________________ ou do Tribunal Arbitral ________________

Requerente:
Requerido:
Ação:
Processo nº:

________________, contador(a) registrado(a) no CRC ____________, na condição de perito-assistente indicado pela parte (requerente ou requerido) no processo acima referido, vem à presença dessa Egrégia Câmara ou Egrégio Tribunal, comunicar, nos termos da NBC PP 01 do Conselho Federal de Contabilidade, o seu impedimento na assistência da produção da prova pericial contábil, cuja participação foi homologada por esse Juízo Arbitral pelos motivos esclarecidos a seguir:

Obs.: Tais motivos são somente aqueles insertos nos itens de impedimento e suspeição da NBC PP 01.

Certo de sua compreensão, agradeço antecipadamente.

________________, ____ de ____________ de ____________.

Nome do perito
Registro no CRC

Modelo nº 06
Renúncia em assistência em perícia extrajudicial

(IMPEDIMENTO PERITO-ASSISTENTE)

Senhor(a) ________________
(Ou endereçado à empresa)

Assunto:
Referência:

________________, contador(a) registrado(a) no CRC __________, na condição de perito-assistente, indicado pela parte (requerente ou requerida), no processo acima referido, vem pela presente comunicar, nos termos da NBC PP 01 do Conselho Federal de Contabilidade, o seu impedimento na assistência da produção da prova pericial contábil pelos motivos esclarecidos a seguir:

Obs.: Tais motivos são somente aqueles insertos nos itens de impedimento e suspeição da NBC PP 01.

Certo de sua compreensão, agradeço antecipadamente.

________________, ____ de __________ de __________.

Nome do perito-contador
Registro no CRC

Modelo nº 07
Petição de honorários periciais contábeis

Excelentíssimo(a) Senhor(a) Doutor(a) Juiz(a) ________________ da (especificar a vara) Vara________________ da ________________ (comarca, circunscrição, seção judiciária), (especificar cidade e estado)

Processo nº:
Ação:
Autor/Requerente:
Réu/Requerido:
Perito:

________________, perito(a), habilitado(a) nos termos do art. 145 do Código de Processo Civil, conforme certidão do Conselho Regional de Contabilidade do Estado de (identificar o estado), cópia anexa, estabelecido na rua (especificar o endereço completo do escritório do perito), tendo sido nomeado nos autos do processo mencionado, vem à presença de Vossa Excelência apresentar proposta de honorários para a execução dos trabalhos periciais na forma que segue:

Para a elaboração desta proposta, foram considerados: a relevância, o vulto, o risco e a complexidade dos serviços a executar; as horas estimadas para a realização de cada fase do trabalho; a qualificação do pessoal técnico que irá participar da execução dos serviços; e o prazo fixado. (Acrescentar os laudos interprofissionais e outros inerentes ao trabalho, se for o caso.)

HONORÁRIOS PERICIAIS			
Custo da perícia	**Horas**		**Total R$**
Especificação do trabalho	**Previstas**	**R$/hora**	
Retirada e entrega dos autos			
Leitura e interpretação do processo			
Preparação de termos de diligência			

(cont.)

HONORÁRIOS PERICIAIS			
Custo da perícia	**Horas**		**Total R$**
Especificação do trabalho	**Previstas**	**R$/hora**	
Realização de diligências			
Pesquisa e exame de livros e documentos técnicos			
Laudos interdisciplinares			
Elaboração do laudo			
Reuniões com peritos-assistentes, quando for o caso			
Revisão final			
Subtotal			
Impostos e encargos			
TOTAL			

Os honorários propostos para a realização da perícia levou em consideração o valor da hora sugerido pela (sindicato, associação, federação, etc.), que é de R$ _________(por extenso), por hora trabalhada, totalizando R$ ____(por extenso).

O valor desta proposta de honorários não remunera o perito para responder a Quesitos Suplementares, art. 425 do Código de Processo Civil, fato que, ocorrendo, garante ao profissional oferecer nova proposta de honorários na forma deste documento.

Por último, requer de Vossa Excelência aprovação da presente proposta de honorários, e na forma dos artigos 19 e 33 do Código de Processo Civil, determinação do depósito prévio, para início da prova pericial.

Termos em que pede deferimento,

________________, ____ de __________ de __________.

Nome completo
Contador CRC_____________________ nº ________________________

Modelo nº 08 – Petição de juntada de laudo pericial contábil e pedido de levantamento de honorários

Excelentíssimo(a) Senhor(a) Doutor(a) Juiz(a) ________________ da (especificar a vara) vara ________________ da ________________ (comarca, circunscrição, seção judiciária), (especificar cidade e estado)

Processo nº:
Ação:
Autor/Requerente:
Réu/Requerido:
Perito:

________________, perito, nomeado e qualificado nos autos acima identificado, vem, respeitosamente, requerer a Vossa Excelência a juntada do laudo pericial contábil anexo, que contém ________________ (quantidade de folhas e quantidade dos demais documentos anexos), bem como o levantamento de seus honorários periciais, previamente depositados (citar número das folhas).

Termos em que pede deferimento,

________________, ____ de ____________ de __________.

Nome completo
Contador CRC______________________ nº ________________________

Modelo nº 09 – Petição de juntada de laudo trabalhista e pedido de arbitramento de honorários

Excelentíssimo(a) Senhor(a) Doutor(a) Juiz(a) Tilular da (especificar a Vara) ______________ Vara do Trabalho (especificar cidade e estado)

Processo nº:
Reclamante:
Reclamado:

________________, perito(a), habilitado(a), nos termos do art. 145 do Código de Processo Civil, conforme certidão do Conselho Regional de Contabilidade do Estado (identificar o estado), cópia anexa, nomeado nos autos acima identificado, vem, respeitosamente, requerer a Vossa Excelência a juntada do laudo pericial contábil anexo e o arbitramento de seus honorários, estimados em R$ ______________, devidamente atualizados desde a presente data.

Termos em que pede deferimento,

________________, ____ de __________ de __________.

Nome completo
Contador CRC______________________ nº ___________________________

Modelo nº 10 – Contrato particular de prestação de serviços profissionais

Contrato particular de prestação de serviços profissionais que entre si fazem, com matriz estabelecida na ________________, devidamente inscrita no CNPJ nº ________________ representada pelo sócio: (qualificar o sócio), residente e domiciliado na ________________, doravante denominado CONTRATANTE, e, do outro lado, como PERITO-ASSISTENTE, ________________, brasileiro, ________________, contador e perito judicial, inscrito no Conselho Regional de Contabilidade de ____________, sob o nº ________________ e CPF nº ________________, com endereço profissional no ________________, se obrigam mediante as cláusulas e condições seguintes:

Cláusula 1ª – Do objeto

O objeto do presente é a prestação dos serviços profissionais do PERITO-ASSISTENTE, no acompanhamento da perícia judicial determinada nos autos da Ação ________________, Processo nº ________________, que tramita perante a Vara Cível da Comarca Judiciária ________________, Estado do ________________.

Cláusula 2ª – Das obrigações

O PERITO-ASSISTENTE obriga-se a examinar o laudo pericial contábil da lavra do Dr. perito judicial e emitir PARECER TÉCNICO-CONTÁBIL sobre ele, bem como estar presente em todas as instâncias judiciais no Estado do ________________, quando houver necessidade legal, bem como assistir o(a) advogado(a) da CONTRATANTE nas orientações que se fizerem necessárias a respeito do trabalho ora contratado.

As viagens necessárias para a cidade de ______________, para a realização dos serviços profissionais, serão custeadas pela CONTRATANTE, acrescidas das despesas inerentes, inclusive com alimentação e estada.

Cláusula 3ª – Do preço e do pagamento

A CONTRATANTE pagará ao PERITO-ASSISTENTE, a título de prestação de serviços profissionais, o valor de R$ ________________ da seguinte forma:

R$ ________________ em moeda corrente do país no ato da assinatura deste contrato e o restante na entrega do PARECER TÉCNICO-CONTÁBIL.

Parágrafo primeiro. Caso ocorra a composição amigável entre as partes litigantes, judicial ou extrajudicialmente, ou ainda as hipóteses de novação, transação, sub-rogação, dação em pagamento, quitação, troca ou permuta, compromisso, ou qualquer outra espécie de extinção ou modificação da obrigação, o pagamento pela prestação dos serviços profissionais será devido pela CONTRATANTE ao PERITO-ASSISTENTE.

Parágrafo segundo. O PERITO-ASSISTENTE não arcará com o pagamento de honorários sucumbenciais que porventura a CONTRATANTE venha a ser condenada, em razão das manifestações de concordância com o laudo pericial contábil do Dr. perito oficial, que poderá ocorrer de forma parcial ou total, no livre exercício profissional do PERITO-ASSISTENTE.

Parágrafo terceiro. Por mera tolerância do PERITO-ASSISTENTE, que não importa em novação, o pagamento de seus serviços profissionais poderá ser pago por intermédio de bens imóveis ou móveis, desde que precedidos de avaliação, por profissional habilitado para tanto, indicado pelas partes ora contratantes.

Cláusula 4ª – Da arbitragem

Por intermédio desta cláusula compromissória, as partes comprometem-se a submeter à arbitragem os litígios que possam vir a surgir inerentes a este instrumento e, pelo compromisso arbitral, ficam submetidos também à arbitragem os porventura pendentes, conforme disposição da Lei nº 9.307, de 23.9.96, que serão solucionados pelas decisões de Câmara de Mediação e Arbitragem da cidade de ________________, eleita para dirimir todas as questões oriundas do presente instrumento.

Cláusula 5ª – Do foro

As partes elegem o foro da Comarca de __________, renunciando neste ato a qualquer outro, por mais privilegiado que seja.

Estando assim ajustado e contratado, firmam o presente instrumento em duas vias, perante as testemunhas abaixo.

_______________, ___ de __________ de __________.

____

Contratante

____

Perito-assistente – contratado
Registro no CRC

Testemunhas

1. ________________ C.I. ________________
2. ________________ C.I. ________________

Anexo 3

RESOLUÇÃO CFC nº 1.502, DE 19 DE FEVEREIRO DE 2016

Dispõe sobre o Cadastro Nacional de Peritos Contábeis (CNPC) do Conselho Federal de Contabilidade (CFC) e dá outras providências.

O CONSELHO FEDERAL DE CONTABILIDADE, no exercício de suas atribuições legais e regimentais,

Considerando o disposto na Lei nº 13.105, de 16 de março de 2015, Código de Processo Civil brasileiro, em seu art. 156, que dispõe que o juiz será assistido por perito e que determina aos tribunais a realização de consultas aos conselhos de classe para formação de seu cadastro de profissionais legalmente habilitados;

Considerando a NBC PP 01, de 27 de fevereiro de 2015, que dispõe sobre perito contábil;

Considerando a NBC TP 01, de 27 de fevereiro de 2015, que dispõe sobre perícia contábil;

Considerando a importância de se estimular o estudo das Normas Brasileiras de Contabilidade inerentes à área de Perícia;

Considerando o disposto no Decreto-Lei nº 9.295, de 27 de maio de 1946, em seu art. 6º, alínea "f", alterado pela Lei nº 12.249, de 11 de junho de 2010, que compete ao CFC regular acerca do Cadastro de Qualificação Técnica e do Programa de Educação Continuada e editar normas brasileiras de contabilidade de natureza técnica e profissional; e

Considerando a necessidade de se conhecer o âmbito de atuação dos peritos contábeis, sua formação profissional, atualização do conhecimento e experiência,

RESOLVE:

Art. 1º Criar o Cadastro Nacional de Peritos Contábeis (CNPC) do Conselho Federal de Contabilidade (CFC).

Art. 2º Os contadores que exercem atividades de perícia contábil terão até 31 de dezembro de 2016 para se cadastrarem no Cadastro Nacional de Peritos Contábeis do CFC, por meio dos portais dos Conselhos Regionais de Contabilidade (CRCs) e no portal do CFC, inserindo todas as informações requeridas.

§ 1º Para a validação do cadastro, o contador deverá comprovar experiência em perícia contábil, anexando, no mínimo, um dos documentos a seguir:

I – cópia da Ata ou Despacho Judicial, contendo a nomeação e o protocolo de entrega do Laudo Pericial para comprovar a sua atuação como perito do juízo;

II – cópia da Petição com a indicação formal e o protocolo de entrega do Parecer Técnico Pericial para comprovar a atuação como perito assistente indicado pelas partes no processo judicial;

III – cópia do documento que formalizou sua contratação e a entrega do Laudo Pericial ou do Parecer Técnico Pericial para comprovar atuação como perito em demandas extrajudiciais que envolvam formas alternativas de solução de conflitos;

IV – cópia do ato relativo à sua nomeação ou certidão emitida por órgão policial para comprovar sua atuação como perito oficial em demandas de natureza criminal.

§ 2º As comprovações exigidas nos incisos "I" e "II" poderão ser substituídas por certidões emitidas pelo Poder Judiciário.

§ 3º As comprovações exigidas no inciso "III" poderão ser substituídas por certidão emitida por tribunais de arbitragem e mediação, legalmente constituídos.

Art. 3º Atendidas as exigências previstas no artigo anterior, a inscrição no CNPC será concedida pelo CFC em até 30 (trinta) dias da data da solicitação, cujo cadastro conterá, no mínimo, as seguintes informações do profissional:

I – nome completo;

II – número de registro no CNPC;

III – número do registro profissional no Conselho Regional de Contabilidade;

IV – endereço eletrônico;

V – telefone de contato;

VI – domicílio profissional relativo às atividades de perícia contábil;

VII – especificação da(s) área(s) de atuação como perito contábil; e

VIII – *curriculum* definido em até 350 (trezentos e cinquenta) caracteres, elaborado pelo próprio perito.

Art. 4º Compete, exclusivamente, ao CFC a manutenção, a avaliação periódica e a regulamentação do CNPC.

Art. 5º O profissional inscrito no CNPC é responsável pela confirmação de seus dados cadastrais, os quais poderão ser atualizados, exclusivamente, via e-mail *registro@cfc.org.br*.

Art. 6º A partir de 1º de janeiro de 2017, o ingresso no CNPC estará condicionado à aprovação em exame específico, regulamentado pelo CFC.

Art. 7º A permanência do profissional no CNPC estará condicionada à obrigatoriedade do cumprimento do Programa de Educação Profissional Continuada, que será regulamentado pelo CFC.

Art. 8º Serão baixados do CNPC os profissionais que:

I – solicitarem a baixa;

II – forem suspensos do exercício profissional, nos termos das alíneas "d" e "e" do art. 27 do Decreto-Lei nº 9.295/1946, em decisão transitada em julgado;

III – forem cassados do exercício profissional, nos termos da alínea "f" do art. 27 do Decreto-Lei nº 9.295/1946, em decisão transitada em julgado;

IV – tiverem os seus registros baixados pelos CRCs; e

V – não atingirem, anualmente, a pontuação mínima exigida no Programa de Educação Profissional Continuada, nos termos do art. 7º.

Parágrafo único. A baixa do registro dos profissionais no CNPC que se enquadrarem nos incisos II, III, e IV será de ofício, e o inciso V, somente após o trânsito em julgado do processo.

Art. 9º O restabelecimento do registro no CNPC estará condicionado à apresentação de certificado de aprovação no exame específico, previsto no art. 6º, e à regularização das condições que determinaram a exclusão, prevista nos incisos de I a III do art. 8º.

Parágrafo único. Comprovado as exigências para o restabelecimento do registro, será mantido o mesmo número de registro original concedido anteriormente.

Art. 10. As Certidões de Registro no CNPC, quando requeridas pelos tribunais e demais interessados, serão emitidas eletronicamente via portais dos CRCs ou CFC.

Art. 11. Esta Resolução entra em vigor na data de sua publicação.

Brasília, 19 de fevereiro de 2016.

Contador José Martonio Alves Coelho
Presidente

ATA CFC nº 1.014

Atividades práticas propostas

Estudo 1

Em uma ação judicial monitória, sob o nº 123/2011 em andamento na 1ª Vara Cível da Comarca de Modelo, o Banco XY S/A (autor) afirma que a empresa ZZ Indústria Têxtil Ltda (ré) contratou com o autor a cédula de crédito bancário – abertura de crédito em conta-corrente nº 4.321 em 30-12-2008 – e que o valor contratado deixou de ser pago. O saldo devedor apurado em 24-8-2009 é de R$ 183.001,32, requerendo a expedição de mandado de pagamento do valor apontado, acrescido de juros de mora, multa contratual e demais custas processuais e legais. Foram apresentados embargos, declarando a Embargante ZZ Indústria Têxtil Ltda. em sua manifestação que a cédula de crédito bancário – abertura de crédito em conta-corrente nº 4.321 formalizada em 30-12-2008 teria sido originada pelo saldo devedor anterior da conta-corrente, movimentada desde 2004.

Além disso, a embargante alega que nos lançamentos da conta-corrente foram aplicados encargos considerados ilegais, como: juros extorsivos capitalizados e comissão de permanência, requerendo a revisão de todo o período de movimentação da conta-corrente para cálculo alternativo, com exclusão das taxas de juros cobradas e comissão de permanência, recompondo o saldo da conta desde a origem, com juros simples pela menor taxa de juros praticada no mercado para o mesmo período e tipo de operação financeira. O Banco XY ofereceu impugnação aos embargos, pedindo a improcedência dos embargos, por considerar que os valores cobrados estão de acordo com as condições contratuais celebradas entre as partes e não cabe sua revisão judicial.

Por meio de despacho saneador, o Juiz deferiu a produção de prova pericial contábil, nomeando perito contábil. Foi estabelecido ainda pelo magistrado como ponto controvertido para análise pericial: a existência ou não de capitalização de juros compostos na conta-corrente em nome da empresa junto ao banco, desde a abertura da conta-corrente até o último lançamento realizado através dela.

Documentos existentes no processo: cópia da cédula de crédito bancário – abertura de crédito em conta-corrente nº 4.321 celebrada entre as partes em 30-12-2008.

Atividades propostas

a) Elaborar petição de honorários periciais, com a estimativa de remuneração provisória para a função de perito contábil nomeado pelo juiz (detalhando as etapas de trabalho previstas, horas de trabalho, valor por hora de trabalho e valor total de honorários provisórios, com base nos dados e detalhes do processo).

b) Elaborar termo de diligência (pedido de documentos) na função do perito contábil nomeado pelo juiz, com o pedido de documentos necessários ao completo desenvolvimento do trabalho pericial (detalhando minuciosamente os dados, os documentos e as informações necessárias para a perícia).

Estudo 2

Em um processo judicial de dissolução parcial de sociedade, há a necessidade de apuração de haveres do sócio autor, que pede sua exclusão do quadro societário e o pagamento de sua participação com a elaboração de avaliação pelo método de fluxo de caixa descontado. Os sócios réus na ação declaram que a avaliação da empresa deve ser realizada apenas com a elaboração de balanço especial de determinação, considerando a avaliação patrimonial contábil da empresa para o pagamento da participação societária do sócio a ser excluído. Foi nomeado perito contábil pelo juiz para a realização do trabalho pericial contábil e a apuração de haveres do sócio autor.

Dados disponíveis da empresa: sociedade por quotas com responsabilidade limitada do ramo de alimentos, com sede na cidade de Modelo, sem filiais e representantes comerciais em seis estados, fundada em 1986. Contrato social e oito alterações, optante pelo lucro real.

Atividades propostas

a) Elaborar um contrato particular de prestação de serviços profissionais de perito-contador assistente, contratado como assistente técnico pelo autor da ação judicial.

b) Auxiliar o autor, exercendo a função de assistente técnico, na formulação de quesitos que serão apresentados no processo judicial para atendimento técnico pelo perito judicial contábil nomeado pelo Juiz.

c) Elaborar um contrato particular de prestação de serviços profissionais de perito-contador assistente, contratado como assistente técnico pelos réus da ação judicial.

d) Auxiliar os réus, exercendo a função de assistente técnico, na formulação de quesitos que serão apresentados no processo judicial para atendimento técnico pelo perito judicial contábil nomeado pelo juiz.

Estudo 3

O autor (Sr. Pedro Antônio Paulo) de uma ação judicial ordinária declara na inicial do processo que a ré (ZZ Financeira S/A) teria cobrado ilegalmente juros compostos em função de contrato de crédito direto ao consumidor celebrado entre as partes em 16-3-2009. Afirmou ainda que as parcelas cobradas do contrato estão sujeitas à incidência de juros compostos ou capitalizados pela aplicação do sistema de amortização da tabela Price. A ré contesta a ação, detalhando em sua manifestação que os juros cobrados em função do contrato realizado entre as partes são simples e não compostos, considerando que a fórmula de cálculo da tabela Price não contemplaria a incidência de juros sobre juros ou juros compostos.

Os dados da operação financeira contratada são:

- Quantidade de parcelas: 36
- Cobrança de parcelas: mensalmente
- Vencimento da primeira parcela: 16-4-2009
- Vencimento da última parcela: 16-3-2012
- Valor total financiado: R$ 38.000,00
- Valor da parcela mensal: R$ 1.872,80
- Taxa de juros mensais: 3,5%
- Taxa de juros anuais: 51,11%
- Sistema de amortização: tabela Price

Atividades propostas

a) Na função de assistente técnico contratado pelo autor, elaborar um parecer técnico defendendo o argumento do contratante e que deve ser apresentado junto com a inicial do processo judicial.

b) Na função de assistente técnico contratado pela ré, elaborar um parecer técnico defendendo tecnicamente o argumento da contratante e que deve ser apresentado junto com a contestação do processo judicial.

Bibliografia

ALBERTO, Valder Luiz Palombo. *Perícia contábil.* 5ª ed. São Paulo: Atlas, 2012.

BIROLLI, Sílvio Luís. *A prova pericial no direito processual do trabalho brasileiro.* São Paulo: Dissertação de mestrado em direito das relações sociais da Pontifícia Universidade Católica de São Paulo, 2002.

BRASIL. Lei nº 10.406, de 10 de janeiro de 2002. *Novo código civil brasileiro.* Legislação Federal. Disponível em www.planalto.gov.br. Acessado em julho de 2013.

__________. Lei nº 13.105, de 16 de março de 2015. *Novo código de processo civil.* Legislação Federal. Disponível em www.planalto.gov.br/ccivil_03/_Ato2015-2018/2015/Lei/L13105.htm. Acessado em 15 mar. 2016.

__________. Lei nº 5.869, de 11 de janeiro de 1973. *Código de processo civil.* Legislação Federal. Disponível em www.planalto.gov.br. Acessado em julho de 2013.

__________. Decreto-Lei nº 2.848, de 7 de dezembro de 1940. *Código penal.* Legislação Federal. Disponível em www.planalto.gov.br. Acessado em julho de 2013.

__________. Decreto-Lei nº 3.689, de 3 de outubro de 1941. *Código de processo penal.* Legislação Federal. Disponível em www.planalto.gov.br. Acessado em julho de 2013.

CONSELHO FEDERAL DE CONTABILIDADE. *Norma brasileira de contabilidade – NBC PP 01, de 27 de fevereiro de 2015. NBC PP 01 – Perito Contábil.* Disponível em http://www2.cfc.org.br/sisweb/sre/detalhes_sre.aspx?Codigo=2015/NBCPP01. Acessado em março de 2016.

_______. *Norma brasileira de contabilidade – NBC TP 01, de 27 de fevereiro de 2015. NBC TP 01 – Perícia Contábil.* Disponível em http://www2.cfc.org.br/sisweb/sre/detalhes_sre.aspx?Codigo=2015/NBCTP01. Acessado em março de 2016.

__________. *Resolução CFC nº 803, de 10 de outubro de 1996. Código de ética profissional do contador – CEPC.* Disponível em http://www.crcsp.org.br. Acessado em julho de 2013.

______. *Resolução CFC nº 1502, de 19 de fevereiro de 2016. Cadastro Nacional de Peritos Contábeis – CNPC do Conselho Federal de Contabilidade – CFC.* Disponível em http://www.crcsp.org.br. Acessado em março de 2016.

LOPES DE SÁ, Antonio. *Perícia contábil.* 10ª ed. São Paulo: Atlas, 2011.

MAGALHÃES, Antônio de Deus Farias *et al. Perícia contábil.* São Paulo: Atlas, 2009.

MELLO, Paulo Cordeiro de. *A perícia no novo código de processo civil.* 1ª ed. São Paulo: Trevisan, 2016.

OLIVEIRA NETO, Carlos Elmano de & MERCANDALE, Iolanda. *Roteiro prático de perícia contábil judicial: legislação, modelos, índices oficiais.* São Paulo: Oliveira Mendes, 1998.

ORNELAS, Martinho Maurício Gomes de. *Perícia contábil.* 5ª ed. São Paulo: Atlas, 2011.

SANTANA, Creuza Maria Santos. *A perícia contábil e sua contribuição na sentença judicial: um estudo exploratório.* São Paulo: Dissertação de mestrado em ciências contábeis na Universidade de São Paulo, 1999.

SANTOS, Moacyr Amaral. *Prova judiciária no cível e comercial.* 2ª ed. São Paulo: Max Limonad, 1955.

Paulo Cordeiro de Mello é perito judicial, economista e contador graduado pela PUC-SP, com pós-graduação em Avaliações Periciais Contábeis pela Fecap e tem mais de 12 anos de experiência na área de perícia econômico-financeira e contábil. Possui nomeações como perito em diversas varas cíveis e anexos da fazenda no Estado de São Paulo, atua como docente do Senac São Paulo e em outras instituições de ensino na disciplina perícia contábil para os cursos de graduação e extensão.

www.ingramcontent.com/pod-product-compliance
Ingram Content Group UK Ltd.
Pitfield, Milton Keynes, MK11 3LW, UK
UKHW040604210726
13854UKWH00009B/2689

9 786555 362930